王朝貴族の悪だくみ

清少納言、危機一髪

繁田信一
Shinichi Shigeta

柏書房

目次

王朝貴族の悪だくみ——清少納言、危機一髪

序　清少納言《せいしょうなごん》の実兄、白昼の平安京にて射殺《いころ》される

清原致信の最期

清少納言《せいしょうなごん》といえば、王朝時代の宮廷を彩った数多《あまた》の才媛《さいえん》たちを代表する存在の一人であるが、その清少納言の兄弟の一人が騎馬武者の一団の襲撃を受けて生命を落としたという事実は、どれほど広く知られているだろうか。

かの御堂関白藤原道長《みどうかんぱくふじわらのみちなが》の日記である『御堂関白記《みどうかんぱくき》』によると、寛仁《かんにん》元年（一〇一七）の三月八日、数騎の騎馬武者たちが白昼の平安京を疾駆《しっく》するということがあったらしい。その後方には十数人の徒歩《かち》の随兵たちの姿も見られたが、この一団がまっしぐらに向かっていたのは、六角小路《ろっかくこうじ》と富小路《とみのこうじ》（福小路《ふくこうじ》）とが交わる辺りに位置する一軒の家宅であったという。そして、その家宅に住んでいたのが、清少納言の実兄の前大宰少監清原致信《だざいのしょうげんきよはらのむねのぶ》であった。

その致信の居宅において起きた出来事を藤原道長に伝えたのは、道長の息子の藤原頼宗《よりむね》であった

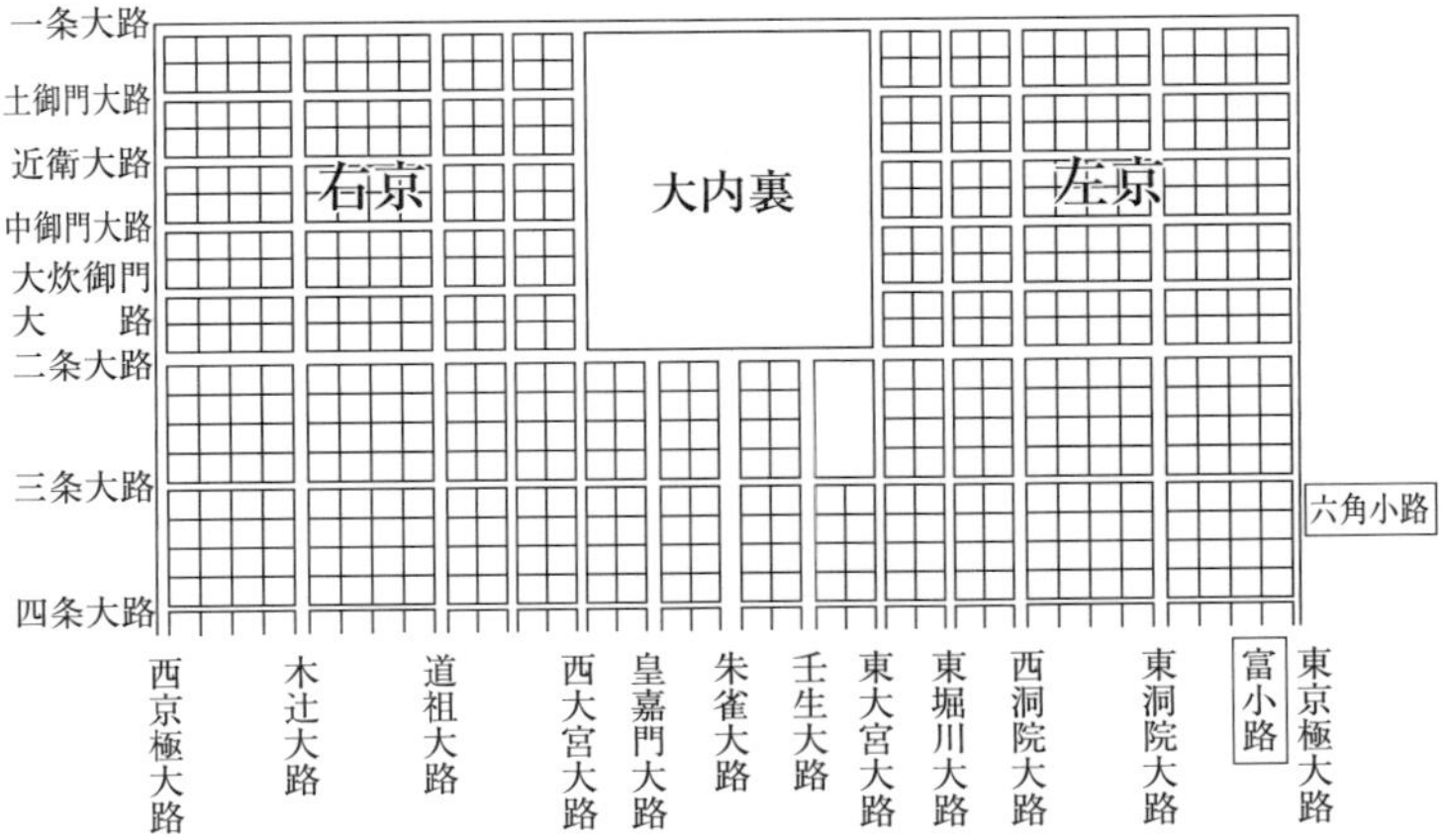

六角小路と富小路

が、その折の頼宗の言葉は、『御堂関白記』に次のように書き留められている。

「行幸《ぎょうこう》があった日の申《さる》時頃のことです。六角小路と福小路との辺りの小さな家に住んでおりました清原致信という者は、藤原保昌《やすまさ》の郎等《ろうとう》だったようですが、馬に乗った七人ないし八人の武士たちと十数人の徒歩の随兵たちとによって、その家宅を取り囲まれたうえで殺害されてしまいました」。

ここで言及されている行幸は、後一条《ごいちじょう》天皇の石清水八幡宮《いわしみずはちまんぐう》への行幸のことであるから、右の事件があったのは、後一条天皇が石清水八幡宮へと行幸した寛仁元年三月八日の申時頃だったのだろう。また、申時というのは、おおむね、午後三時から午後五時にかけての時間帯であるが、旧暦が用いられていた王朝時代の三月八日は、われわれ現代日本人の用いる新暦において四月の下旬頃に該当しようから、『御堂関白記』の語る清原致信襲撃事件は、まさに白昼堂々の凶行であった。

これ以前に大宰府《だざいふ》の三等官である大宰少監を務めていたことの知られる清原致信は、朝廷に仕える中級官人であり、われわれが「王朝貴族」と呼ぶ人々の一人である。しかも、清少納言の兄にあたる彼は、当然のことながら、著名な歌人であり『後撰和歌集《ごせんわかしゅう》』の編纂者の一人としても知られる清原元輔《もとすけ》の息子であった。さらに言えば、その元輔の息子である致信は、かの『古今和歌集《こきんわかしゅう》』に全部で十七首もの名歌を残した清原深養父《ふかやぶ》の曾《そう》孫《そん》であった。もしかすると、致信自身も、そこそこの歌人ではあったのかもしれない。

清少納言を中心とする人物相関図

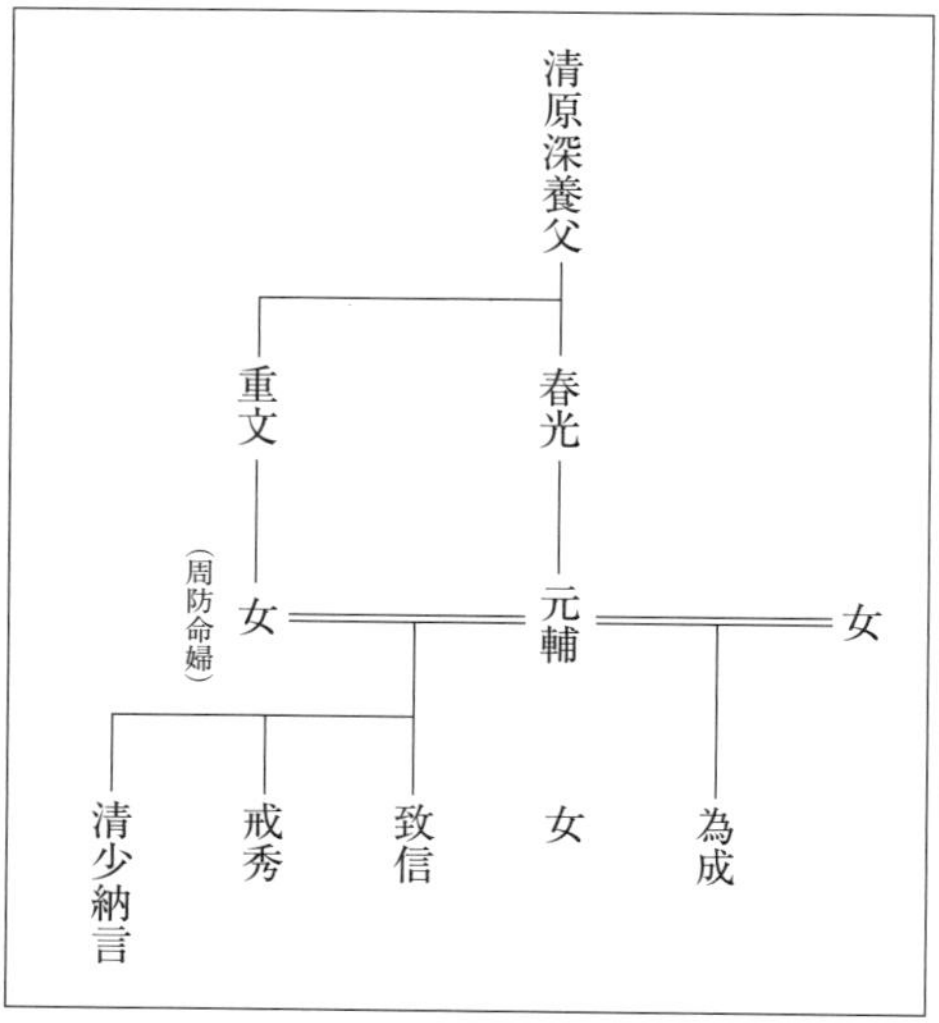

ところが、そんな致信の最期《さいご》は、歌人にはふさわしくないものであるばかりか、「王朝貴族」と呼ばれる人々にはまったく似つかわしくないものであった。騎馬武者に襲撃された致信は、その身体を一本あるいは数本の矢に貫かれて血溜まりの中で絶命したはずなのである。それは、われわれの思い浮かべる王朝貴族の死とは、あまりにもか

け離れていよう。

しかも、『御堂関白記』からでは詳しいことはわからないものの、ことによると、騎馬武者たちに射殺《いころ》された彼は、さらに、騎馬武者の随兵たちの手で首を斬《き》り落とされていたかもしれない。したがって、件《くだん》の騎馬武者たちが駆け去った後、人々が致信宅で眼にしたものは、致信の首のない遺《い》骸《がい》だったかもしれないのである。

凶行に及ぶ清少納言の実兄

しかし、より驚くべきは、清原致信の酷《むご》たらしい殺され方に関してではなく、彼が酷たらしく殺された理由についてであろう。実のところ、致信が右に見たような最期を迎えなければならなかったのは、これに先立って、致信自身が他人の生命を奪っていたがゆえのことだったのである。

このことは、藤原道長が藤原頼宗より致信の死を告げられた寛仁元年三月十一日の『御堂関白記』の全文を見るならば、すぐにも明らかになろう。

「権中納言《ごんのちゅうなごん》として右衛門督《うえもんのかみ》および検非違使別当《けびいしべっとう》を兼任する頼宗は、私のもとを訪れると、『行幸があった日の申時頃のことです。六角小路と福小路との辺りの小さな家に住んでおりました清原致信という者は、藤原保昌の郎等だったようですが、馬に乗った七人ないし八人の武士たちと十数人の徒歩の随兵たちとによって、その家宅を取り囲まれたうえで殺害されてしまいました。そこで、検非違使《けびいし》たちに捜査を命じまして、このような報告書を作らせました。そして、この報告書によりますと、秦氏元《はたのうじもと》という者の息子が致信を殺した騎馬武者たちの中にいたとのことですので、氏元の居場所を調べましたところ、この者は、源頼親《みなもとのよりちか》に付き従う武士の一人であるようです』と報じた。そこで、頼親に事情を尋ねてみると、先日の致信殺害は、まさに頼親の命じたものであった。この源頼親について、世の多くの人々は、『人を殺すことを得意としている』と評しているが、事実、彼が今回のような事件を起こしたのは、けっして初めてのことではない。そして、致信の殺害を命じた頼親は、以前に殺害された大和《やまと》国の当麻為頼《たいまのためより》という者の仲間であったらしい」。

ここで王朝貴族たちから「人を殺すことを得意としている」と見られていたとされる源頼親は、この頃、淡路守《あわじのかみ》や右馬頭《うまのかみ》といった官職を帯びる中級官人として朝廷に仕える身であったから、彼自身もまた、「王朝貴族」と呼ばれる人々の一人であった。が、現に「人を殺すことを得意としている」などと評された頼親は、かの源満仲《みつなか》（多田《ただ》満仲）の息子の一人であり、大江山《おおえやま》の酒呑童子《しゅてんどうじ》を退治したことで知られる源頼光《よりみつ(らいこう)》の弟であるとともに、一般に「大和源氏《やまとげんじ》」と呼ばれる大和国を地盤とする武士団の祖でもあった。王朝貴族の一員でありながらみずから強力な武士団を率いていた頼親は、「軍事貴族」とでも呼ばれるべき存在だったわけである。

そして、その軍事貴族の源頼親が清少納言の実兄の殺害を企図したのは、仲間の当麻為頼の仇《かたき》を討つためであった。頼親が秦氏元の息子を含む配下の武士たちに命じて清原致信を討たせたのは、それ以前に致信が為頼を殺していたためだったのである。右の『御堂関白記』の最後の一文の意味するところは、そういうことであろう。

とすれば、致信が清少納言の身内には不似合いな凄惨な最期を迎えたことも、その当時の貴族社会の人々からすれば、致信の自業自得でしかなかったのかもしれない。彼は、殺人という凶悪犯罪に手を染めていたのである。もしかすると、致信自身も、いずれは頼親に生命を狙われるであろうことを、ある程度は覚悟していたのではないだろうか。

殺人を指示する和泉式部の夫

ただし、源頼親が清原致信を報復の対象としたからといって、必ずしも致信こそが当麻為頼殺害の首謀者であったとは限らない。すなわち、為頼の殺害に致信が深く関わっていたことは疑いないとしても、この殺人は致信によって企図されたものではなかったかもしれないということである。

このように考えるのは、すでに見た『御堂関白記』において藤原頼宗が藤原道長に報じているように、致信が藤原保昌の郎等の一人だったからに他ならない。

ここに注目する藤原保昌は、おそらく、王朝文学の愛好者の間では、かの和泉式部《いずみしきぶ》の夫として知られる人物であろう。『御堂関白記』によれば、また、小野宮右大臣《おののみやうだいじん》藤原実資《さねすけ》の日記である『小右記《しょうゆうき》』によれば、摂政内大臣《せっしょうないだいじん》藤原頼通《よりみち》が寛仁二年正月の饗宴《きょうえん》に向けて新調した絵屏風《えびょうぶ》は、「江式部《こうしきぶ》」

和泉式部を中心とする人物相関図

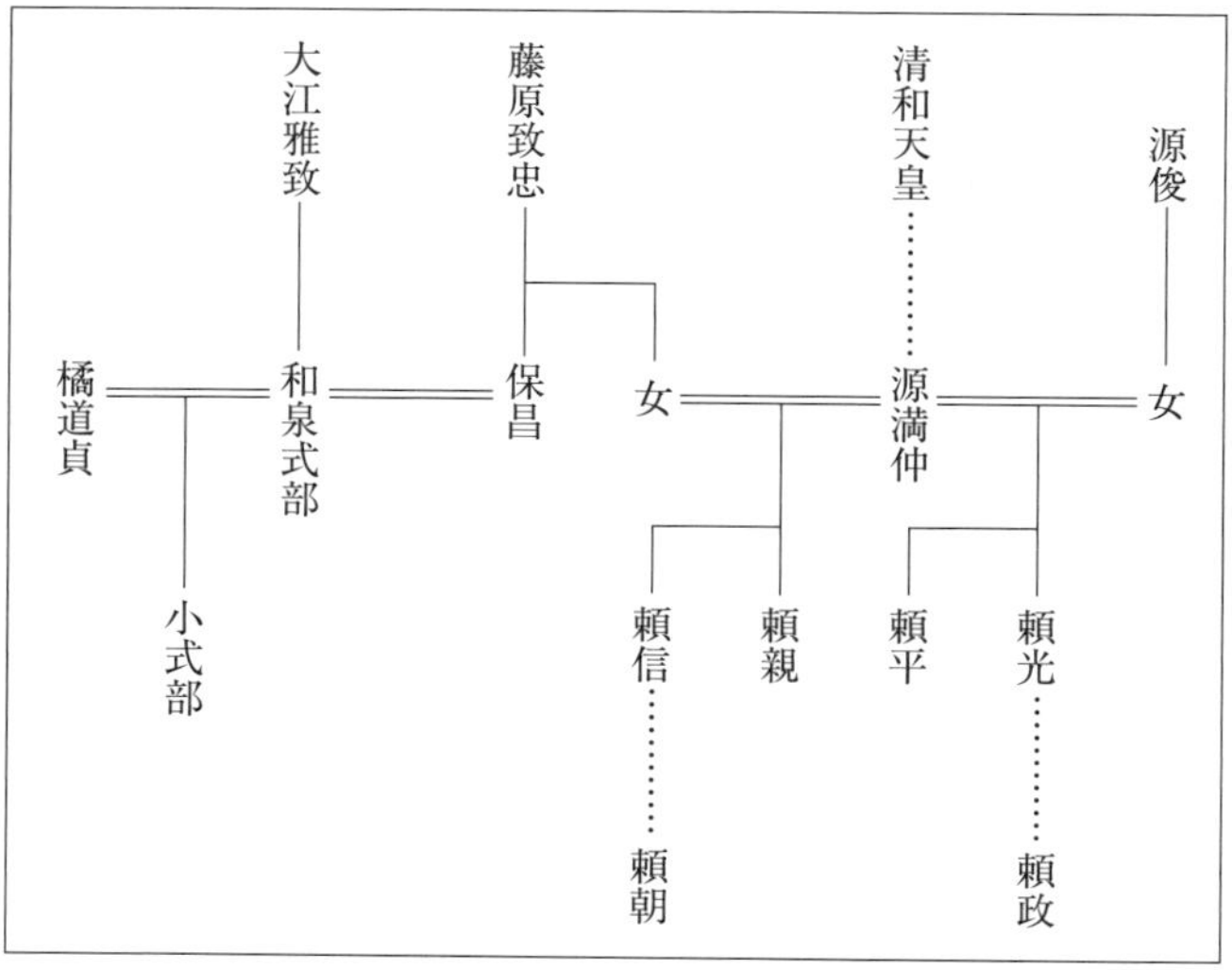

あるいは「左馬頭保昌妻式部《さまのかみやすまさのめしきぶ》」の詠《よ》んだ和歌を飾りの一つとしていたが、ここに「江式部」もしくは「左馬頭保昌妻式部」として登場する歌人は、大江雅致《おおえのまさむね》の娘であり藤原保昌の妻であった和泉式部なのである。したがって、致信の事件があった頃、保昌が和泉式部と夫婦の関係にあったことは、まず間違いないだろう。

だが、その保昌は、和泉式部とは違い、和歌こそを自己実現の手段とするような、われわれ現代人の思い描く王朝貴族らしい王朝貴族などではなかった。かの小式部《こしきぶ》が「大江山……」と詠じて藤原定頼《さだより》を恥じ入らせたとき、和泉式部が夫の丹後《たんごの》守《かみ》保昌とともに丹後《たんご》国への旅路にあったというのは、あまりにもよく知られた話であるが、この話の前提にもなっている如《ごと》く、丹後守として丹後国に赴任した保昌は、悪名高い王朝時代の受領《ずりょう》国司たちの一人だったのである。しかも、丹後守の他に日向守《ひゅうがのかみ》・肥後守《ひごのかみ》・大和守《やまとのかみ》・摂津守《せっつのかみ》などをも歴任した保昌は、その貪欲《どんよく》さと悪辣《あくらつ》さとで知られる受領たちを代表する存在でさえあった。

そして、このような事実からすれば、当麻為頼殺害の首謀者は、大和守として大和国の受領国司を務めていた頃の藤原保昌だったのではないだろうか。

長和《ちょうわ》二年（一〇一三）四月十六日の『小右記』に大和守保昌の左馬権頭《さまごんのかみ》兼任の人事が発令されたことが見える如く、保昌が寛仁元年（一〇一七）の清原致信殺害事件に先立って大和守の任にあったことは、まったく疑いようがない。したがって、保昌の郎等であったという致信は、大和国においては大和守保昌の汚い欲望を満たすことに勤《いそ》しんだこともあっただろう。また、すでに見た『御堂関白記』の証言によって大和国の住人であったことの知られる為頼は、当然、保昌が大和守であった頃にも大和国に住んでいたはずである。とすれば、為頼が何らかの事情で保昌にとって邪魔な存在になっていたことも、また、保昌が為頼の抹殺《まっさつ》という汚れ仕事を致信に押しつけたことも、かなり容易に想像されよう。

なお、右に推測した通りに為頼殺害の首謀者が保昌であったとして、為頼の仲間だったとされる源頼親が保昌に復讐することなく致信だけを殺したのは、保昌が頼親の実母の兄弟だったためかもしれない。世間では「人を殺すことを得意としている」と評されていた頼親も、母親の手前、伯叔父《おじ》の保昌を殺害するわけにはいかなかったのではないだろうか。

王朝貴族たちの悪だくみ

それにしても、人を殺すという凶悪な犯罪行為が、王朝時代の貴族社会に生きる人々にとっては、いかに身近なものであったことか。寛仁元年三月十一日の『御堂関白記』がわれわれに教えてくれたのは、結局のところ、著名人を近親者とする三人の王朝貴族たち――清原致信（清少納言の兄）・藤原保昌（和泉式部の夫）・源頼親（源頼光の弟）――が殺人という凶悪犯罪に手を染めていたという、まがまがしい事実なのである。

ただ、右の三人の殺人者たちのうちの致信の場合、『御堂関白記』に見たように、彼自身もまた、殺人事件の被害者となって生命を落としたのであったが、保昌のために殺人を行ったがゆえに頼親に殺害されることになった致信は、かなり酷たらしい最期を遂げたことが想像されるうえ、まったくの殺され損であった。

実は、清原致信殺害の首謀者であった源頼親は、配下の武士たちに致信を殺させたことが露見したため、それまで帯びていた淡路守および右馬頭の官職を取り上げられてしまう。要するに、殺人事件を起こしたことで、現職解任の処罰を受けたということである。

とはいえ、当時の朝廷は、これ以上には頼親を罰しようとはしなかった。つまり、致信の殺害を謀った頼親は、他人の生命を奪ったにもかかわらず、ただ官職を失うだけですんだのである。しかも、その失職さえも、一時的なものにすぎなかった。寛仁元年（一〇一七）に淡路守と右馬頭とを罷免《ひめん》された頼親も、遅くとも万寿《まんじゅ》元年（一〇二四）のうちには、新たに伊勢守《いせのかみ》を拝命していたのである。そして、これに続けて大和守と信濃守《しなののかみ》とを務めた頼親は、その晩年にまたも大和守に任命されたのであった。致信殺害事件の後にも頼親の中級貴族としての人生が順調であったことは、否定すべくもあるまい。

さらに、藤原保昌に至っては、致信が殺されても、馴染《なじ》みの郎等の一人を失ったという以上には、まったく痛痒《つうよう》を感じることがなかった。そもそも、致信が頼親の配下の武士たちに殺されることになったのは、保昌が致信に命じて頼親の仲間であった当麻為頼を殺させたがゆえのことだったはずなのだが、それにもかかわらず、藤原保昌という中級貴族の人生は、為頼殺害事件からも、致信殺害事件からも、けっして不都合な影響を受けることがなかったのである。寛仁四年あたりに丹後守に任命された保昌は、その後、再度の大和守拝命を経て、摂津守在任中に没するのであった。

もちろん、このような現実は、清少納言にとって、けっして容認できないものであったろう。保昌の都合で頼親に殺されてしまった致信は、清少納言の実の兄だったのである。

だが、右に見てきたのは、まぎれもなく、王朝時代の貴族社会をめぐる現実の一つの側面であった。われわれが「王朝貴族」と呼ぶ人々の周囲にあったのは、悪事を働いた者が臆面《おくめん》もなく幸せに暮らしているような、悪徳に満ちた世界だったのである。致信にしても、もし頼親による復讐をうまくかわすことができていたならば、当麻為頼を殺した凶悪犯であったにもかかわらず、妹の清少納言とともに人生を謳歌《おうか》していたのではないだろうか。

そして、『王朝貴族の悪だくみ』と題する本書が以下に紹介するのは、王朝貴族たちが自己の幸福を実現するために犯した、けっして笑えない罪の数々である。

1　殺人犯を皇族に仕立て上げる

困惑する関白

後一条《ごいちじょう》天皇が玉座にあった長元《ちょうげん》四年（一〇三一）の三月一日、右大臣藤原実資《うだいじんふじわらのさねすけ》のもとに厄介な相談が持ち込まれた。それは、書状を通じての相談であったが、その手紙を差し出したのは、天皇の外叔父《そとおじ》として政権を担う関白左大臣《かんぱくさだいじん》藤原頼通《よりみち》であった。つまり、ここで実資が関与を強いられることになった案件は、当時の朝廷における事実上の最高権力者さえもが、困り果てた末に誰かを巻き込みたくなるような、実に面倒な代物だったのである。

このときに関白頼通が右大臣実資に宛てた消息文というのは、まずはその前半部分だけを『小右記《しょうゆうき》』に従って紹介するならば、おおよそ、次のようなものであった。

「式部卿宮敦平親王《しきぶきょうのみやあつひらしんのう》様は、皇族の叙爵《じょしゃく》をめぐる不正行為に関与した疑いで、先日、任意の事情聴取に応じられた。しかし、不正につながる口利《くち》きをなさった式部卿宮様には、きちんとした取り調べをお受けいただくべきだろうか。また、このような式部卿宮様からは、叙爵にあずかる皇族を選ぶ権限を取り上げなければならないだろうか。本年分の正月の皇族の叙爵は、今からでもやり直されるべきだが、今年の叙爵にあずかる皇族は、どなたか他の親王様に選び直していただかなくてはならないだろうか。それから、良国王《よしくにおう》を詐称《さしょう》する輩《やから》に関しては、すでに別の犯罪にも手を染めているうえ、叙爵にあずかろうとして皇族を詐称するような事件をも起こしたのであるから、その身柄《みがら》を拘束《こうそく》するべきだろうか」。

位階表

正一位
従一位
正二位
従二位
正三位
従三位
正四位上
正四位下
従四位上
従四位下
正五位上
正五位下
従五位上
従五位下

………………………………

正六位上
正六位下
従六位上
従六位下
正七位上
正七位下
従七位上
従七位下
正八位上
正八位下
従八位上
従八位下
大初位上
大初位下
少初位上
少初位下

これによれば、どうやら、その頃に関白藤原頼通を悩ませていたのは、偽《いつわ》って「良国王」と名乗る犯罪者が皇族になりすまして叙爵にあずかったという事件であったらしい。

王朝時代に皇族として扱われたのは、歴代天皇の子・孫・曾孫・玄孫である。そして、公式に認知された皇族たちは、「王」と称することを許されていた。が、偽良国王の場合、皇族を詐称したのは、ただたんに「王」を称したかったがためのことではなかった。この不埒者《ふらちもの》は、さらに厚かましくも、皇族の身分を利用して叙爵にあずかろうとしたのである。

「叙爵」という言葉の意味するところは、国王などが臣下に貴族の地位を授けることだが、わが国の王朝時代において「叙爵」と呼ばれたのは、朝廷が人々に従五位下《じゅごいげ》の位階を与えることであった。当時の日本では、従五位下以上の位階を持つ人々こそが、公式に「貴族」と呼ばれたのである。そして、そうした正規の貴族たちというのは、王朝時代において、正六位上《しょうろくいじょう》までの位階しか持たない皇族たちよりも、はるかに優位な存在であった。とすれば、偽良国王が叙爵を望んだのも、実に当然のことであったろう。

そして、そんな偽良国王の目論《もくろ》みに手を貸したのが、式部卿宮敦平親王という本物の皇族であった。実は、その頃の敦平親王には、毎年の正月、皇族の中から自由に選んだ誰か一人を叙爵にあずからせる権限があったのである。そうした特権を持っていた敦平親王にしてみれば、偽皇族を叙爵にあずからせることなど、わけもないはずであった。

だが、この企《たくら》みは、誰に手抜《てぬ》かりがあったのか、結局は失敗に終わってしまう。そして、叙爵に関する特権を持つほどの有力な皇族までもが関与した皇族詐称事件の発覚は、朝廷の事実上の最高責任者である関白藤原頼通を、ひどく困惑させることになったのである。

苦悩の原因

この皇族詐称事件が関白である藤原頼通を苦悩させたのは、事件の根本に式部卿宮敦平親王が関わっていたからに他ならない。

敦平親王という人物は、後一条天皇の先代の天皇であった故三条上皇《さんじょう》の第三皇子《おうじ》であり、それゆえ、当時における最も有力な皇族の一人であった。しかも、その頃の貴族社会の人々の誰もが知っていたように、かつて三条上皇が後一条天皇に玉座を譲ったのは、後一条天皇の外祖父《がいそふ》である故藤原道長《みちなが》の陰湿で執拗《しつよう》な圧迫に堪《た》えかねてのことであったから、その嫡男《ちゃくなん》として道長より権力を譲り受けた頼通としては、三条上皇の皇子である敦平親王に対して、かなりの後ろめたさを感じずにはいられなかったのである。

そして、こうした事情を抱える関白左大臣頼通は、『小右記』によれば、右大臣藤原実資に宛てた例の書簡の後半において、次のようなことを述べていた。

「今の主上《しゅじょう》であらせられる後一条天皇様は、先代の三条上皇様からのご譲位によってご即位《そくい》なされたわけだが、その上皇様の皇子様でいらっしゃる式部卿宮敦平親王様は、何かと大きなご不満をお持ちでいらっしゃるのだろうか。どうなのだろう。だが、事件の真相を推し測《おはか》るに、これは、中《ちゅう》納言《なごん》藤原兼隆《かねたか》と前大宰大弐《だざいだいに》藤原惟憲《これのり》とが企てた悪事であろう。したがって、やはり、惟憲の責任を問うべきだろうか。また、それでも、式部卿宮様にも処分を下さなければならないものだろうか」。

この文面からもわかるように、ここで関白頼通にとって好都合だったのは、藤原兼隆および藤原惟憲の二人の公卿《くぎょう》が事件への関与を疑われていたという事実であった。

長元四年正月の公卿たち

藤原頼通	関白・左大臣
藤原実資	右大臣
藤原教通	内大臣
藤原斉信	大納言
藤原頼宗	権大納言
藤原能信	権大納言
藤原長家	権大納言
藤原兼隆	中納言
藤原実成	中納言
源道方	権中納言
源師房	権中納言
藤原経通	権中納言
藤原資平	権中納言
藤原定頼	権中納言

藤原通任	参議
藤原兼経	参議
源朝任	参議
源顕基	参議
藤原公成	参議
藤原重尹	参議
源経頼	参議
藤原隆家	正二位
藤原惟憲	正三位
藤原道雅	従三位
藤原兼頼	従三位

王朝時代における上級貴族層の主要な構成員は、大臣・大納言《だいなごん》・中納言・参議《さんぎ》といった特別な官職あるいは従三位《じゅさんみ》を下限とする高い位階を有した上級官人たちである。貴族社会の大多数の人々から見て雲の上の月の如《ごと》き存在であった彼らは、憧憬《どうけい》の念を込めて「月客《げっかく》」とも「月卿《げっけい》」とも呼ばれたが、普通には「公卿」もしくは「上達部《かんだちめ》」と呼ばれていた。

したがって、長元四年当時、中納言の官職を帯びていた藤原兼隆も、また、正三位《しょうさんみ》の位階を持っていた藤原惟憲も、当然、上級貴族層の一員であった。当時の彼らは、「公卿」あるいは「上達部」と呼ばれる身だったのである。

だが、そうはいっても、この二人などは、けっして主要な公卿だったわけではない。中納言にすぎない兼隆にしても、ただ正三位の位階にあるだけの惟憲にしても、公卿としては、ようやく中堅ほどといった存在でしかなかった。

　そして、そんな彼らが敦平親王の絡《から》む皇族詐称事件に関与していたことは、藤原頼通にとって、このうえなく都合のいいことであった。敦平親王のことは腫物《はれもの》に触《ふ》れるかのように扱った頼通も、兼隆や惟憲に対しては、公卿の筆頭者である関白左大臣として、強い態度に出ることができたからである。事件の責任の全てを兼隆および惟憲に押しつけてしまえば、敢えて敦平親王の責任を追及するような厄介なことをしなくてもすむ――敦平親王の前ではとかく及び腰になりがちな頼通は、そんなふうに考えたのであった。

長元四年正月五日の出来事

　しかし、右大臣藤原実資としては、関白藤原頼通より右に見てきたような相談を持ちかけられたとき、かなり複雑な気持ちであったろう。というのは、実資の『小右記』に見る限り、偽良国王の叙爵が一時的にでも実現してしまった過程において、頼通もまた、小さくはない役割を果たしていたようだからである。

　偽良国王が叙爵にあずかったのは、長元四年（一〇三一）の正月五日のことであった。その日、朝廷が人々に位階を授ける「叙位《じょい》」と呼ばれる儀式が行われたが、偽良国王の叙爵が正式に確定したのは、同日の叙位の儀においてのことだったのである。

ただ、この叙爵は、関白として叙位の儀の事実上の主催者となった藤原頼通のゴリ押しがなければ、実現するはずのないものであった。

王朝時代の叙位の儀においては、各方面から提出された申請書に基づいて叙爵にあずかるべき人々が決定されたのだが、長元四年正月に偽良国王の叙爵を申請する書類を提出したのは、もちろん、かの式部卿宮敦平親王であった。この親王が毎年の正月に皇族の誰か一人を叙爵にあずからせる権限を有していたというのは、すでに紹介したところであるが、この特別な権限が行使されるにあたっても、必要書類の提出は不可欠だったのである。

ところが、敦平親王の提出した書類からは、致命的な不備が発見されてしまう。本来、皇族が皇族として叙爵にあずかろうとする場合、その叙爵を申請する書類には、彼がどの天皇の何代目の子孫にあたるのかということが、明確に記されなければならなかった。が、敦平親王の作成した書類は、「良国王」と名乗る人物について、ただ宇多《うだ》天皇の子孫であることを記すのみで、天皇の何代目の子孫であるかを明記していなかったのであった。

『小右記』によると、長元四年正月の叙位の儀に携わっていた外記《げき》たちは、叙位の儀がはじまっても、敦平親王から提出された書類を儀式の場に出そうとはしなかったらしい。朝廷に提出された雑多な申請書の整理を職掌とした官職の名称が「外記」であるが、その外記の任にあった官人たちは、早々に敦平親王が提出した書類の不備に気づいていたのであろう。そして、それゆえに、彼らは、不適切な書類に基づいて叙爵が行われることを防ごうとしたのではないだろうか。

だが、結局のところ、偽良国王の叙爵は実現してしまう。敦平親王の作成した書類に決定的な不備があることは動かしがたい事実であったにもかかわらず、朝廷の事実上の最高権力者であった関白頼通が、何を思ったのか、そのことを不問に付してしまったのである。

しかも、この日の頼通は、さらなる無理をも押し通していた。すなわち、偽良国王の持つべき位階が、頼通の独断により、従四位下《じゅしいげ》と定められたのである。普通、叙爵を認められた者は従五位下の位階を賜《たまわ》るものであったから、これは、明らかに破格の決定であった。

こうした関白頼通の暴挙を見た右大臣実資は、『小右記』によれば、密かに眉《まゆ》をひそめていたらしい。が、この日の頼通の横暴を危《あや》ぶんだのは、実資だけではなかっただろう。件《くだん》の叙爵をめぐっての頼通の専横ぶりは、多くの人々に不審の念を抱かせたにちがいない。

暴かれはじめる真実

はたせるかな、そのすぐ翌日、関白藤原頼通が押し通した奇怪な叙爵に関して、たいへんな事実が明かされることになる。すなわち、「良国王」を名乗る人物が本当は皇族ではなかったというのである。そして、右大臣藤原実資が右の事実を知ったのは、『小右記』によれば、大外記《だいげき》小野文義《おののふみよし》より次のように伝えられてのことであった。

「皇族として叙爵にあずかった例の者は、皇族などではなく、鎮西《ちんぜい》出身の異姓《いせい》の者でした。また、今回の不正な叙爵を斡旋《あっせん》したのは、前大宰大弐の藤原惟憲殿だったようです」。

これによって、敦平親王は一夜にして渦中の人物となったわけだが、それにもかかわらず、その親王の講じた善後策は、あまりにも的外れなものであった。すなわち、自身の関わった叙爵が問題視されつつあることを察知した敦平親王は、蔵人頭《くろうどのとう》藤原経任《つねとう》に宛てて、次のような内容の書状を送ったのである。

藤原実資を中心とする人物相関図

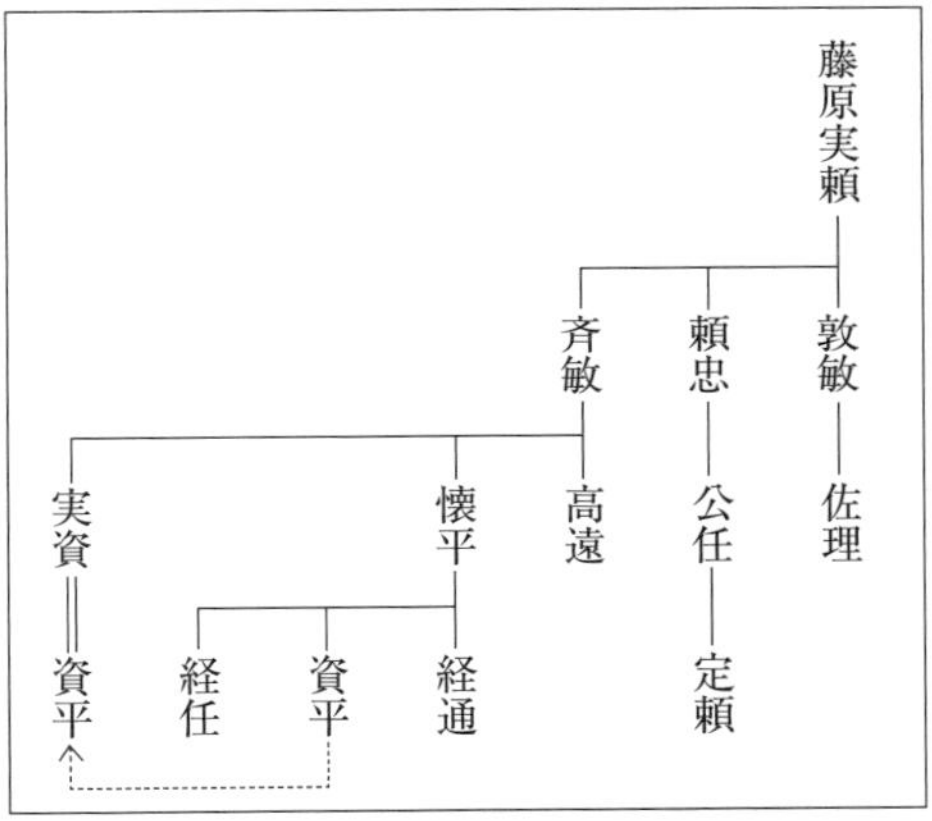

「叙爵というのは、普通、従五位下の位階を賜るものである。しかしながら、私の推挙した良国王は、昨日、過分にも従四位下の位階をいただいてしまった。これを改めて良国王を従五位下に叙し直していただくのがよいだろう」。

『小右記』によると、この消息文を受け取った蔵人頭経任は、とりあえず、その旨《むね》を右大臣実資に報告している。が、これが実資を呆《あき》れさせたことは言うまでもあるまい。そして、ここまでの支離滅裂《しりめつれつ》な展開にうんざりした実資は、「件の叙爵については、でたらめなことが多過ぎる」とぼやきながら、経任に対して、早々に関白藤原頼通の判断を仰《あお》ぐように指示している。

そこで、経任は頼通のもとに赴くが、その経任が実資のもとに持ち帰ってきた頼通よりの指示は、「今回の皇族の叙爵は、あまりにも不適切なものであった。取り消しにするのがよかろう」というものであった。前日、無理に無理を重ねてまで偽良国王に従四位下の位階を与えようとした頼通も、これ以上の無理は続けられないことを悟ったのである。

こうして、偽良国王の叙爵は、その日のうちに取り消されることになる。同日の『小右記』には、夜に入った頃、蔵人頭経任より「皇族として叙爵にあずかった者は、その叙爵を取り消されました」との連絡があったことが記されているのである。

ただ、どうしたわけか、右大臣実資の『小右記』には、この一件に関する最も重要な事実の一つが記されていない。というのは、参議 源 経頼《みなもとのつねより》の日記である『左経記《さけいき》』には、この日に権中納言《ごんのちゅうなごん》藤原資平《すけひら》の発した次のような言葉が記されているからである。

「皇族としての叙爵を取り消されたのは、対馬守《つしまのかみ》藤原蔵規《まさのり》の息子である。つまり、かつて大隅守《おおすみのかみ》菅野重忠《すがののしげただ》を射殺《いころ》した輩である。この者は名前を変えて皇族を詐称していたらしい」。

この情報が実資の耳に入らなかったはずはない。というのは、資平が実資の嫡男格の養子だったからである。したがって、実資は意図して右の情報を記録しなかったことになるわけだが、もしかすると、貴族を殺《あや》めるような凶悪犯が皇族を詐称していたなどというのは、実資にとって、書き記すこともできないほどに汚《けが》らわしい話だったのかもしれない。

救国の英雄

ところで、ここに偽良国王の父親として名前の挙がった対馬守藤原蔵規という人物をご存じだろうか。おそらく、王朝時代には相当に詳しいという方でも、彼がどのような人物であったかを即座に思い出すことは難しいだろう。そして、実のところ、この藤原蔵規の名前は、王朝時代の貴族社会においてさえ、そうそう知られていたわけではない。

だが、それにもかかわらず、藤原蔵規という人物は、間違いなく、王朝時代における救国の英雄の一人であった。

寛仁《かんにん》三年（一〇一九）の三月の末から四月の半ばにかけて、わが国の対馬《つしま》・壱岐《いき》の二島および筑《ちく》前《ぜん》国の沿岸部は、国土防衛戦争の最前線になっていた。後に「刀伊《とい》」と称されることになる大陸の異民族が、五千人を超える規模の武装集団を組織し、海を越えて攻め込んできたためである。

この突然の襲撃は、「刀伊《とい》の入寇《にゅうこう》」として後世に語り継がれていくことになるわけだが、これによって対馬・壱岐・筑前の人々が被った損害は、実に甚大なものであった。対馬・壱岐の二島および筑前国の沿岸部では、刀伊の賊徒《ぞくと》により、三六五名が生命を奪われ、かつ、一二八九名が海外へと連れ去られた。とくに、壱岐守《いきのかみ》藤原理忠《としただ》さえもが殺された壱岐島の場合、四百人以上を数えた島民のほとんどが殺害もしくは拉致《らち》され、刀伊が去った後にはわずかに三十五人が残るのみであったという。また、対馬・壱岐・筑前の各地で、総計にして三八〇頭もの馬や牛が賊徒の食糧として屠《ほふ》られたとも伝えられている。

それでも、王朝時代の朝廷が異国からの侵略にはまったく無頓着《むとんちゃく》でいたことを考えれば、また、現に襲来した異賊《いぞく》が数千人規模の大軍であったことを考えれば、「刀伊の入寇」による被害が右に見た程度ですんだのは、不幸中の幸いであったろう。それは、鎮西在住の武士たちが必死に防衛戦にあたった結果であったが、彼らが奮闘して刀伊の賊徒を追い払っていなければ、より大きな被害が発生していただけではなく、どうかすると、わが国の領土の一部が異国の支配下に置かれることになっていたかもしれない。

鎮西を統括する大宰府《だざいふ》が寛仁三年四月十六日の日付で朝廷に進めた文書によれば、「刀伊の入寇」に際して国土防衛戦争の最前線に立ったのは、文室忠光《ふんやのただみつ》・大蔵種材《おおくらのたねもと》・藤原明範《あきのり》・平為賢《たいらのためかた》・平為《ため》忠《ただ》・藤原助高《すけたか》・大蔵光弘《みつひろ》・藤原友近《ともちか》・財部弘延《たからべのひろのぶ》・平致行《むねゆき》・藤原致孝《むねたか》・源知《しらす》といった面々であった。彼らの活躍の詳細を記した文書は、『朝野群載《ちょうやぐんさい》』という文書集に収められているが、ここに名前の見える彼らは、おそらく、被害地域に地盤を持つ豪族もしくは軍事貴族であったろう。

そして、「刀伊の入寇」の後、再び異賊に襲撃される可能性の高い対馬島の島守《とうしゅ》に任命された藤原蔵規も、間違いなく、鎮西の軍事貴族の一人であり、かつ、異国の賊徒を撃退した救国の英雄の一人であった。人事異動に関する文書や先例を集成した『除目大成抄《じもくたいせいしょう》』という書物が、「従五位《じゅごい》上藤原朝臣蔵規《じょうふじわらのあそんまさのり》」の対馬守拝命を、「刀伊賊賞《といのぞくのしょう》」と説明しているのである。蔵規が刀伊の凶賊との戦闘に参加していたことは、疑うべくもあるまい。

殺人犯大蔵光高

そんな藤原蔵規の息子が下手人として記憶されることになった大隅守射殺事件というのは、おそらく、『日本紀略《にほんきりゃく》』という歴史書が、寛弘《かんこう》四年（一〇〇七）の七月一日のこととして、「大隅守菅野重忠が大宰府において大蔵光高《みつたか》によって射殺されてしまった」と伝える事件のことであろう。偽良国王による皇族詐称事件が起きた長元四年（一〇三一）より四半世紀も昔の出来事ではあるが、貴族の身分を持つ者が鹿《しか》や猪《いのしし》のように射殺された右の事件は、それが起きた当時、貴族社会においてずいぶんと注目されたものであった。

だが、ここで『日本紀略』が犯人の氏名を「大蔵光高」としているのは、なぜなのだろうか。彼が藤原蔵規の息子であるならば、その氏名は「藤原光高」であるのが普通だろう。

この殺人事件のことは、藤原実資の『小右記』にも詳しく記録されていた。が、実に残念なことに、寛弘年間の『小右記』は、そのほとんどが今に伝わっていない。したがって、同記の大隅守殺害事件についての記述を直接に見ることはできないのである。

ただ、それでも、『小右記』の索引《さくいん》として作られた『小記目録《しょうきもくろく》』によれば、寛弘四年八月二十三日の『小右記』は、「大隅守重忠が大蔵光高によって殺害されたという大宰府からの報告書が、公卿会議で取り上げられたこと」を記録していたらしい。したがって、大隅守射殺犯の氏名は、やはり、「藤原光高」ではなく、「大蔵光高」であったことになる。

そして、実のところ、寛弘四年に大隅守菅野重忠を射殺した大蔵光高は、後に対馬守となる藤原蔵規の息子ではなく、後に壱岐守となる大蔵種材の息子であった。そう、この四半世紀後の『左経記』に見える偽良国王＝大隅守射殺犯に関する情報は、壱岐守大蔵種材と対馬守藤原蔵規とを取り違えているのである。

ここで新たに注目されることになる大蔵種材という人物は、例の『朝野群載』所収の大宰府の報告書に名前が見えるように、「刀伊の入寇」の折の英雄の一人に他ならない。その彼が壱岐守に任命されたのは、寛仁三年七月十三日の『小右記』によれば、蔵規が対馬守に任命された場合と同様、国土防衛戦争での活躍を認められてのことであった。

とすれば、大隅守殺害犯の父親として壱岐守大蔵種材と対馬守藤原蔵規とが取り違えられたのは、まず第一に、両者の経歴があまりにも似通っていたためであろう。ともに救国の英雄となった二人の地方軍事貴族は、もとより氏名の中に「蔵」の字を共有していたこともあり、鎮西への興味の薄い都の人々にとって、識別の厄介な存在であったのかもしれない。

そうしたことはともかく、これで明らかになったように、長元四年正月に発覚した皇族詐称事件の偽良国王の正体は、鎮西を地盤とする軍事貴族の息子であった。宇多天皇の血を引く良国王を騙《かた》った不埒者は、壱岐守大蔵種材の息子の大蔵光高だったのである。

そして、この事実からすれば、例の皇族詐称事件を仕組んだのは、やはり、関白藤原頼通の把《つか》んでいた情報の通り、前大宰大弐藤原惟憲であったろう。治安《じあん》三年（一〇二三）から長元二年（一〇二九）にかけて大宰府の事実上の長官の任にあった惟憲にならば、殺人犯の大蔵光高を鎮西から都へと密《ひそ》かに連れ出すことも、たやすいことであったにちがいない。

関白の愚痴

偽良国王の正体が判明してより二日後となる長元四年正月八日、源経頼の『左経記』によれば、その三日前に偽良国王の叙爵を強行した関白藤原頼通は、次のような発言をしていた。この愚痴《ぐち》のような言葉は、おそらく、関白頼通の本心から出たものであったろう。

「今回の皇族の叙爵において不都合が生じたのは、敦平親王様が確実な身元調査もせずに推挙なさったからである」。

確かに、明らかに申請書類に不備のあった偽良国王の叙爵を強引に実現させたのは、他ならぬ関白頼通自身であった。が、彼が件の叙爵をゴリ押ししたのは、おそらく、それが敦平親王の関与する案件であったためであろう。日頃から敦平親王には負い目を感じていた頼通には、書類の不備を理由として敦平親王からの叙爵の申請を却下することなど、考えもつかなかったのではないだろうか。

しかし、いざ敦平親王の希望した叙爵が実現してみると、それによって貴族の身分を獲得したのは、あろうことか、往年の大隅守射殺事件の下手人であった。そして、そうとは知らずに凶悪犯を叙爵にあずからせる不正の片棒を担がされた頼通は、言うまでもなく、その関白としての面目《めんもく》を著しく失することになったのである。

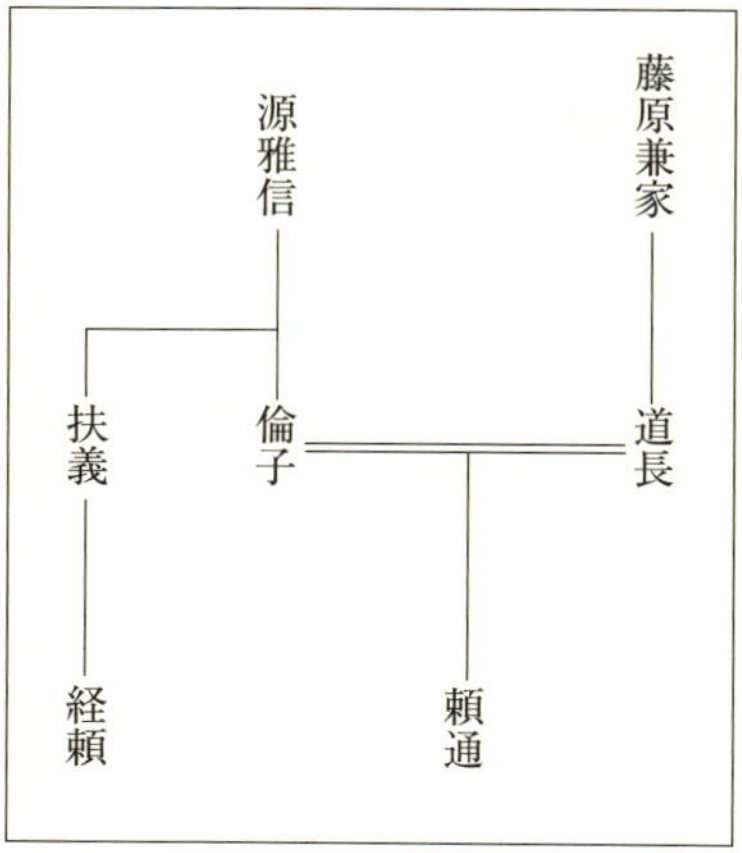

藤原頼通を中心とする人物相関図

そんな頼通であれば、若い頃から頼りにしてきた従兄《いとこ》が訪ねてきた折、ふと愚痴の一つもこぼしてみたくなったことだろう。右に紹介した頼通の言葉は、参議経頼に向けて発せられたものであったが、頼通の側近中の側近として知られる経頼は、頼通には母方の従兄にあたる人物であった。

そして、ここで経頼を相手に愚痴をこぼしたことで頭を切り換えることができたのか、同年正月十一日の『小右記』に登場する関白頼通は、かなり前向きに事件の処理に取り組もうとしている。『小右記』によれば、その日、右大臣藤原実資が内裏《だいり》において頼通より求められたのは、事件の真相を徹底的に究明することの是非についての意見であった。

これに対する実資の答申は、「是非とも究明なさるべきでしょう」というものであったが、こうして実資の賛同を得たことに励まされた頼通は、真相の究明を決意することになる。その夜、実資は次のような勅命を蒙《こうむ》っているが、この勅命は、後一条天皇が頼通の意向に従って下したものであったろう。

「式部卿宮敦平親王の提出した皇族の叙爵の申請書には、叙爵を希望する皇族に関して、ただ宇多天皇の子孫であることが記されているばかりで、宇多天皇の何代目の子孫であるかが記されていなかった。そこで、件の叙爵を取り消したのである。そもそも、叙爵を望む皇族というのは、宇多天皇の子孫の誰なのか。それを敦平親王に尋ねさせよ」。

実におもしろいことに、この勅命には、偽良国王の正体に関する情報がまったく盛り込まれていない。どうやら、この時点では、朝廷の建前として、いまだ偽良国王の正体はわかっていないことになっていたようなのである。そして、そのような建前が敦平親王の立場に配慮したものであったことは、もはや、言うまでもないだろう。

皇族詐称事件の前例

右に見た勅命をめぐっては、もう一つ、実におもしろいことが判明することになる。

実は、この勅命を蒙った右大臣藤原実資は、敦平親王のもとに派遣する使者として大外記小野文義を推挙するのだが、これに対する後一条天皇の勅答は、「外記を使者に立てるというのは、適切な判断であろう。明日のうちに前例を調べ、そのうえで派遣するのがよかろうか」というものだったのである。しかも、『小右記』によれば、これを受けた実資も、その日、内裏より退出するに先立ち、大外記文義に前例の調査を命じているのである。

おわかりだろうか。ここでの後一条天皇の言葉や右大臣実資の行動に明らかな如く、どうやら、偽皇族の叙爵に関与したことで事情聴取を受けることになった親王は、敦平親王が最初ではなかったようなのである。後一条天皇や実資が前例を問題にしているのは、当然、以前にも同様の事態が起きていたからに他ならない。

とすれば、身分を偽って皇族として叙爵にあずかろうとした不埒者は、偽良国王＝大蔵光高が最初ではなかったことになろう。皇族を騙って不正に叙爵にあずかろうなど、とんでもないことのように思われるのだが、そのとんでもない行為に及んだのは、偽良国王だけではなかったのである。

大外記文義に皇族詐称事件の前例を調べるように命じた右大臣実資は、その翌日、みずからも前例の調査を行っており、その結果を同日の『小右記』に書き記しているのだが、実資が彼の祖父の藤原実頼《さねより》の残した日記によって知り得たところによると、かつて貴族社会を騒がせる皇族詐称事件が起きたのは、天暦《てんりゃく》七年（九五三）のことであった。当然、それから八十年ほどを経た長元の世には、その事件を直接に知る者など、皆無であったろう。

天暦七年に皇族を詐称したのは、『小右記』によれば、「氏《うじ》を変えて臣下となった者」であった。すなわち、その不心得者は、皇族として氏を持たずに生まれながらもみずから臣下となることを選んで源氏あるいは平氏に組み込まれた、元皇族の一人だったのである。

したがって、天暦七年の偽皇族は、偽良国王＝大蔵光高に比べれば、ずいぶんと本物に近い偽皇族であったことになる。が、そうであっても、この天暦七年の偽皇族でも、偽良国王でも、けっして本物の皇族ではないという点では、何ら異なるところがない。いかに皇族として生まれた人物であっても、源氏や平氏の一員となることを選んだならば、それ以降、一人の臣下として生きなければならないはずであった。

それにもかかわらず、件の元皇族が偽って皇族を自称したのは、皇族として叙爵にあずかるためであったらしい。当然、すでに皇族ではなくなっていた彼には、もはや、皇族として叙爵にあずかる資格はなかった。が、どうしても従五位下の位階がほしかった元皇族は、天暦七年正月の叙位の儀における皇族としての叙爵を望み、皇族を詐称したのである。

ここに明らかなように、天暦七年に元皇族が皇族を詐称した事情は、大蔵光高が偽って「良国王」

と名乗った事情と、まさに瓜二つであった。天暦七年の事件こそを長元四年の事件の前例と見なした右大臣実資は、実に適切に判断していたことになろう。

「垣下の親王」

なお、天暦七年の皇族詐称事件の場合、例の偽皇族＝元皇族の叙爵を申請する書類を朝廷に提出したのは、式部卿宮元平《もとひら》親王であった。陽成《ようぜい》天皇第二皇子の元平親王は、当時、毎年の正月に皇族の誰か一人を選んで叙爵にあずからせる権限を有していたのである。その元平親王が天暦七年の事件において果たした役割は、長元四年の偽良国王の事件において式部卿宮敦平親王が果たした役割と、まったく同様のものであった。

ここに新たに登場した元平親王については、詳しいことはわかっていない。が、陽成天皇の皇子であった元平親王は、まず間違いなく、村上《むらかみ》天皇が玉座にあった天暦七年当時において、かなり微妙な立場に置かれていたことだろう。

このように言うのは、まず第一に、その父親の陽成天皇が、強制されてやむなく退位した人物だったからである。そして、第二に、その陽成天皇から玉座を奪うようなかたちで即位したのが、村上天皇の曾祖父《そうそふ》にあたる光孝《こうこう》天皇だったからである。さらに言えば、村上天皇の時代に朝廷の中枢にあった左大臣藤原実頼および右大臣藤原師輔《もろすけ》の祖父にあたる藤原基経《もとつね》が、陽成天皇から光孝天皇への譲位に深く関わっていたからでもあった。
　要するに、村上朝における元平親王は、朝廷の中枢にあった人々にとって、彼らの家系の後ろめたい過去を象徴する存在だったわけである。とすれば、当時における元平親王の扱いは、後一条朝における敦平親王の扱いにも似たものであったろう。村上天皇の朝廷は、元平親王に接するに際して、腫物に触れるかの如き態度をとっていたのではないだろうか。

皇室略系図

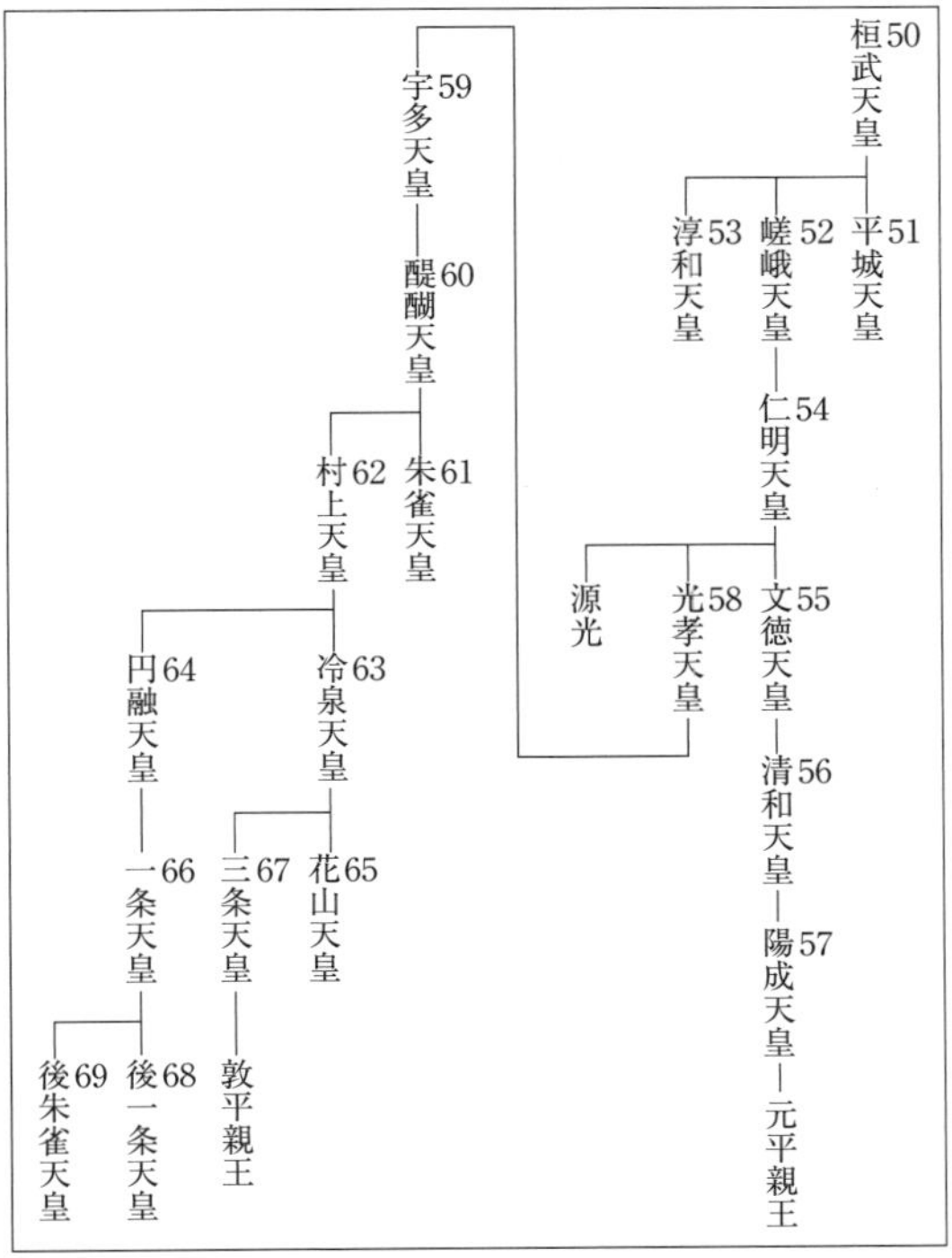

　ただ、その元平親王も、経済的には困難な環境に置かれていたのかもしれない。右大臣師輔の日記である『九暦《きゅうれき》』によれば、少なくとも天慶《てんぎょう》五年（九四二）から天暦二年（九四八）までの時期において、その頃に

は弾正尹宮《だんじょうのみや》であった元平親王は、しばしば「垣下《かいもと》の親王《みこ》」として駆り出されているのである。「垣下《かいもと》」という言葉は、元来、饗宴《きょうえん》の賓客《ひんかく》に盃《さかずき》を勧めて相伴《しょうばん》にあずかる者の着く席を意味したが、王朝時代までには、その席に着いて賓客を接待する者をも意味するようになる。そして、王朝貴族が「垣下の親王」と呼んだのは、大臣家などで催される公式の饗宴において、その賓客となる公卿の接待にあたった親王たちであった。要するに、「垣下の親王」というのは、臣下であるはずの公卿たちに奉仕した、接待係の親王に他ならない。

藤原氏略系図

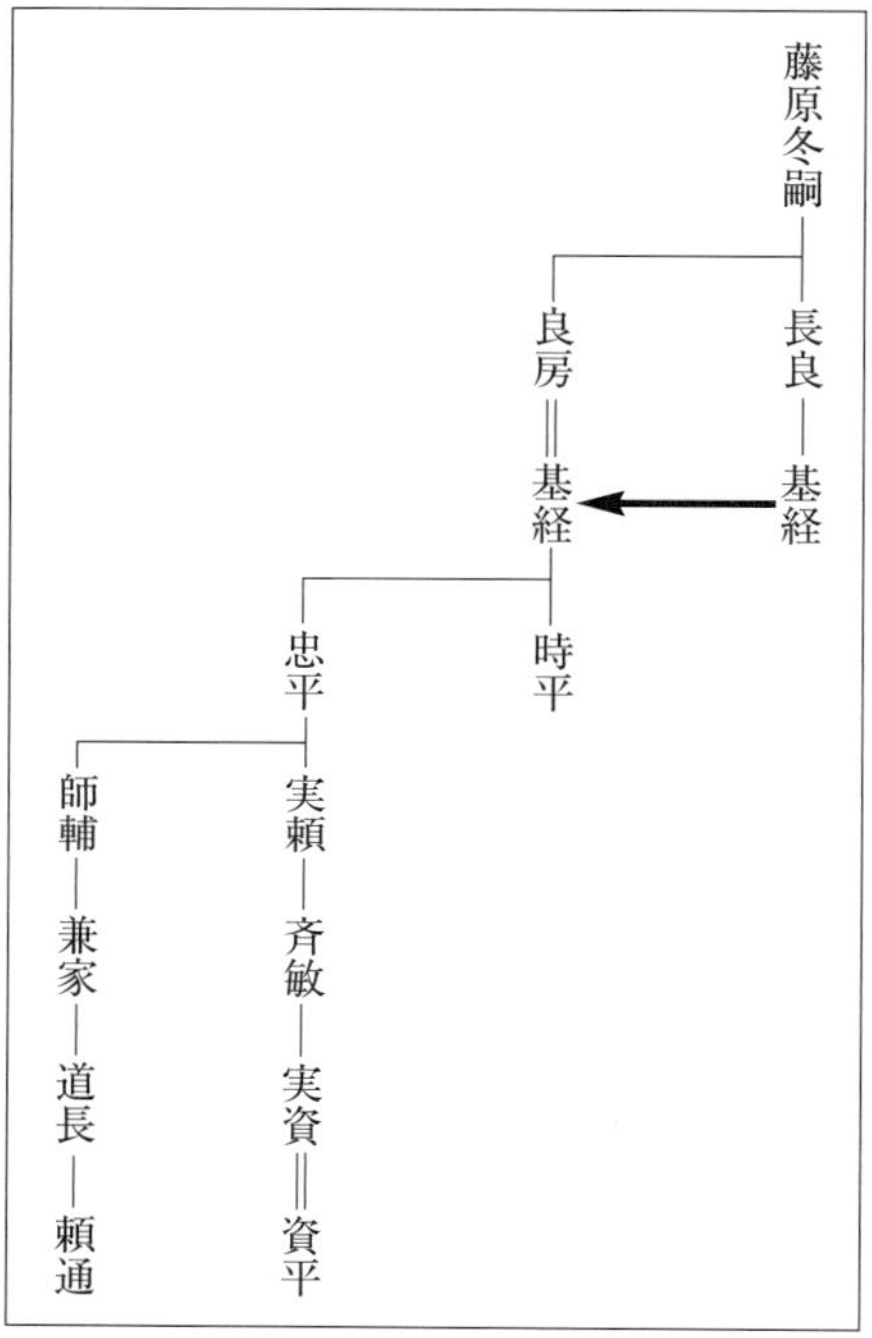

とすれば、敢えて「垣下の親王」などを務めたのは、かなりうらぶれた皇子たちだったのではないだろうか。彼らには、いずれは天皇になれそうな可能性もなかったうえに、臣下となって立身出世を目指せるだけの才覚もなかったにちがいない。当然、「垣下の親王」として駆《か》り出されるような皇子た

ちの多くは、不如意な生活を送っていたことだろう。

そうした気の毒な皇子たちの一人であった元平親王ならば、もしかすると、ある水準の経済的な見返りを約束された場合、全てを承知したうえで偽皇族の不正な叙爵に手を貸すこともあったかもしれない。つまり、元平親王が皇族詐称事件に関与したのは、それによって得られる報酬に釣られてのことだったかもしれないのである。

幸福な皇子

では、式部卿宮敦平親王の場合は、どうだったのだろう。この親王が偽良国王の不正な叙爵に荷《か》担《たん》したのも、やはり、何らかの経済的な誘惑に負けてのことだったのだろうか。

実のところ、長保《ちょうほ》元年（九九九）生まれの敦平親王もまた、二十歳代の半ばほどまでは、臣下から衣食住をあてがわれる、うらぶれた身の皇子であった。

治安三年（一〇二三）閏《うるう》九月二十九日の『小右記』には、参議藤原通任《みちとう》の邸宅に強盗団が押し入ったことが記録されているが、そこに付随的に書き留められたところによれば、その頃の敦平親王は、通任邸の住人の一人であったらしい。藤原通任というのは、三条天皇の皇后《こうごう》として敦平親王を産んだ藤原娍子《すけこ》の同母兄弟であったから、したがって、敦平親王には母方の伯叔父《おじ》にあたる人物であった。そして、その通任が、自己の所有する邸宅に外甥《がいせい》にあたる敦平親王を住まわせていたわ

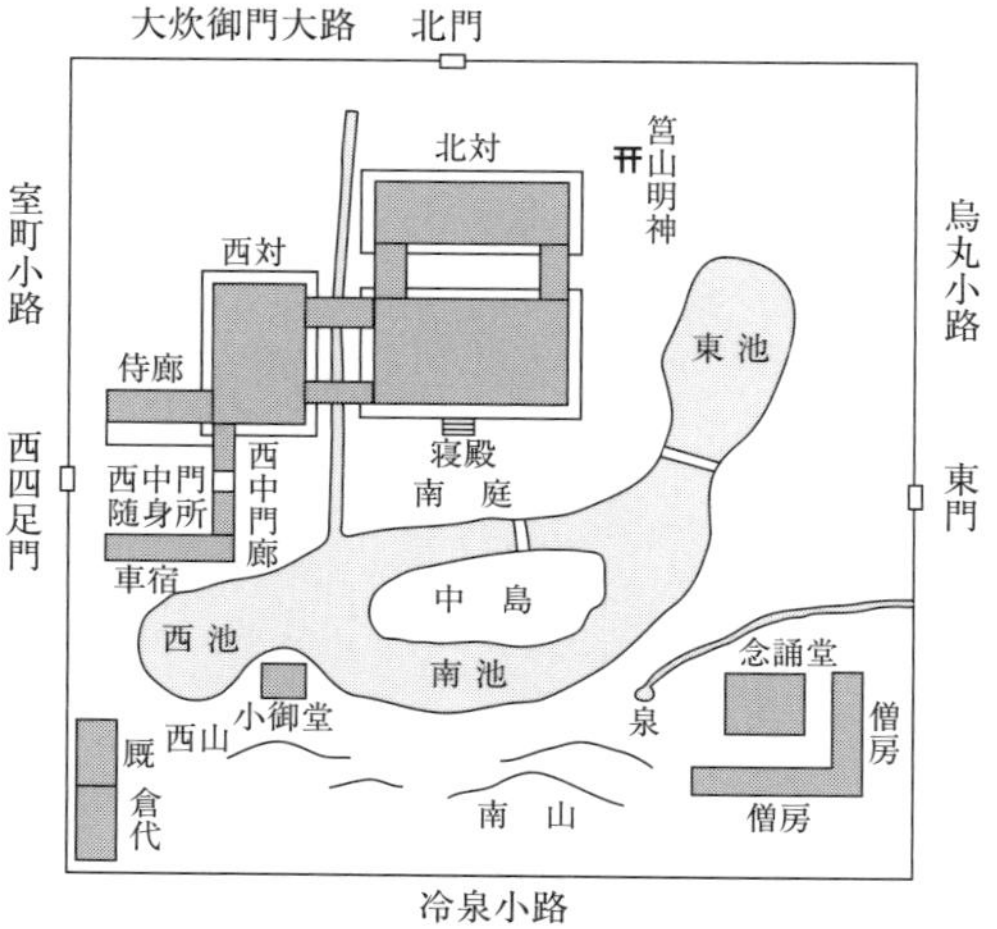

寝殿造邸宅（「小野宮復元図」古代学協会・古代研究所編『平安京提要』角川書店より）

けである。

しかし、通任の敦平親王に対する態度は、あくまでも、居候《いそうろう》に対するそれであった。というのは、『小右記』によれば、敦平親王が起居の場として通任よりあてがわれた屋舎が、寝殿《しんでん》ではなかったばかりか、東対《ひがしのたい》や西対《にしのたい》でもなく、東廊《ひがしのろう》でしかなかったからに他ならない。

よく知られるように、王朝時代の上級貴族が住んだ「寝殿造《しんでんづくり》」と呼ばれる形式の邸宅においては、「寝殿」と呼ばれる巨大な母屋《おもや》および「東対」「西対」「北対《きたのたい》」などと呼ばれる小さくはない離《はな》れこそが、本来的な居住用の屋舎とされていた。したがって、その邸宅の重要な住人であれば、寝殿や東対・西対において寝起きするはずであった。

これに対して、敦平親王の寝起きの場ともなった「東廊」と呼ばれる屋舎は、「西廊《にしのろう》」と呼ばれ

敦平親王を中心とする人物相関図

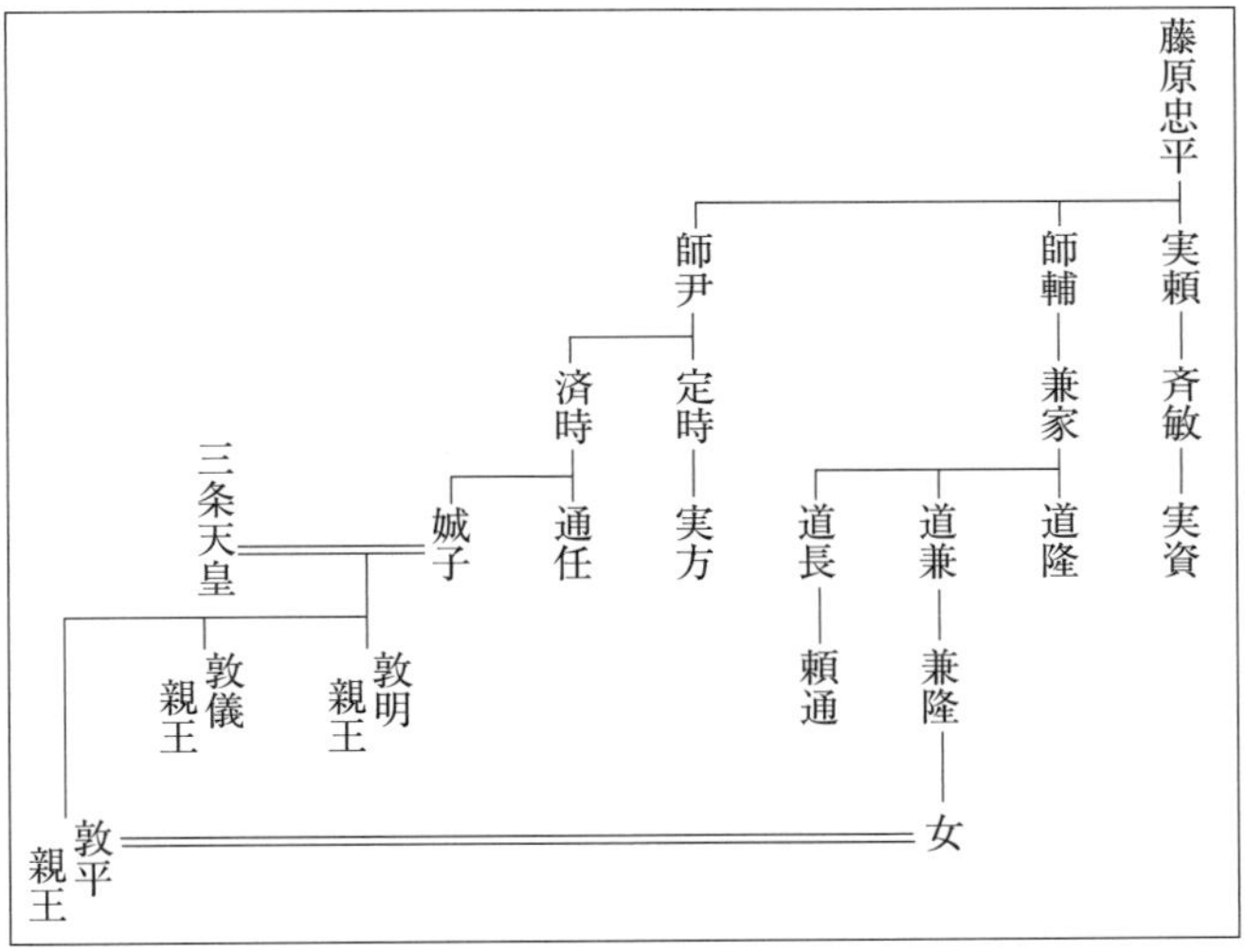

た屋舎とともに、東対あるいは西対に付随していた施設にすぎず、けっして大きなものではなかった。それらは、本来、東対や西対で寝起きする人々の従者たちの控え室として利用されるべき屋舎だったのである。

だが、敦平親王には、惨《みじ》めな居候の境遇から解放される日が訪れた。すなわち、万寿《まんじゅ》二年（一〇二五）頃であろうか、中納言藤原兼隆の娘と結婚することにより、兼隆家に大切な婿《むこ》として迎えられたのである。それは、通任邸の東廊などで腐っていた敦平親王にとって、願ってもない話であったろう。

しかも、この兼隆の娘との婚姻は、敦平親王のもとに例の特権をもたらすことになった。皇族の叙爵に関する特別な権限が敦平親王のものになったのは、娘婿に花を持たせようとした中納言兼隆が、いろいろと画策した結果だったのである。その事情については、万寿四年正月五日の『小右記』が詳しく伝えている。

とすれば、敦平親王が皇族詐称事件に関与したのは、おそらく、経済的な欲望に溺《おぼ》れてのことではなかっただろう。すでに中納言家の婿としての豊かな人生を享受していた敦平親王には、見返りを求めて特権を悪用する理由がなかったはずなのである。

また、そんな敦平親王であれば、偽良国王の不正な叙爵に手を貸してしまったものの、それは、偽良国王の正体を承知したうえでのことではなかったにちがいあるまい。

狼狽する舅《しゅうと》

それでも、式部卿宮敦平親王が皇族詐称事件に関与したというのは、やはり、動かしがたい事実であった。しかも、厳然たる事実として、この事件においては、敦平親王の果たした役割こそが、決定的に重要な意味を持っていたのである。偽良国王の不正な叙爵が一時的にでも成り立ったのは、明らかに、皇族の叙爵に関して特別な権限を有していた敦平親王が手を貸したからこそのことであった。

したがって、この事件の真相を究明する方針を打ち出した朝廷としては、もはや、敦平親王に対する事情聴取を実施しないわけにはいかなかった。そして、長元四年（一〇三一）の正月十一日、右大臣藤原実資が敦平親王への事情聴取に関する勅命を受けたように、関白藤原頼通の主導する朝廷は、ついに敦平親王と正面から向き合う覚悟を決めたのである。

だが、それは、敦平親王を娘婿とする中納言藤原兼隆にとって、どうにも困った事態であった。というのは、朝廷の企図するような事情聴取が行われた場合、敦平親王の皇子としての対面が、著しく損われてしまうはずだったからである。半ば超法規的な存在であった皇子にとって、朝廷から事情聴取を受けさせられることは、公式に罪人として処断されることと、それほど異なりはしないのであった。

そして、敦平親王の事情聴取に関する勅命が下された翌日となる正月十二日の『小右記』には、「式部卿宮様は、中納言殿の婿である。それで、いろいろと画策しているのであろうか」という記述が残されることになる。そう、どうにかして件の事情聴取を阻止したかった中納言兼隆が、右大臣実資に働きかけるという挙に出たのである。その日、実資のもとには、兼隆の派遣した使者が立て続けに二人も訪れたといい、さらには、兼隆自身が足を運ぶことにもなりそうなところであったという。

しかし、こうした兼隆の策動に対する実資の反応は、実に冷淡なものであった。兼隆より面会を求められた実資は、次のような言葉で兼隆の意図を拒絶したのである。

「けっしてお越しくださるな。貴殿のご来訪があれば、必ずや悪い噂が立ちましょう。もし何かおっしゃりたいならば、関白殿のもとに参上なさって申し上げなさるがよい。関白殿以外の誰かに働きかけても、意味はありますまい」。

こう言われてしまった兼隆としては、もはや、実資のもとに押しかけるわけにはいかなかっただろう。右に見たような言葉を突きつけてきた実資が相手では、仮に直談判に持ち込むことができたとしても、それで窮状が打開されるはずはなかったからである。そして、『小右記』を見る限りでは、その後、この一件に関して兼隆が実資に働きかけることはなかったらしい。兼隆の意思は、右の実資の言葉により、完全に挫《くじ》かれてしまったのだろう。

なお、同日の『小右記』によると、その頃、誰かが実資の悪口を言いふらしていたようなのだが、一つの可能性として、それは、中納言兼隆の仕業であったかもしれない。時期が時期であっただけに、その愚劣な嫌がらせが皇族詐称事件をめぐる動きに関係していないとは、少し考えにくいのである。

追い詰められた悪徳受領

もしも、右に触れた右大臣藤原実資に対する中傷が、実資の指揮する式部卿宮敦平親王への事情聴取の妨害を目的とするものであったとすれば、そのようなことをしでかしそうな不心得者として最も疑わしいのは、やはり、前大宰大弐藤原惟憲であろうか。

これまでに見てきたところからも明らかなように、敦平親王を巻き込んだ皇族詐称事件に惟憲が深く関与していたことは、ほぼ間違いあるまい。いや、もっと言ってしまえば、この惟憲こそが、敦平親王の有する特権を利用して鎮西出身の凶悪犯を叙爵にあずからせるという不正を企んだ、皇族詐称事件の首謀者であったにちがいない。

この推測の是非を示すかのように、敦平親王に対する事情聴取が実施されることを知った惟憲は、ひどく狼狽《ろうばい》することになる。長元四年正月十六日の『小右記』が、「前大宰大弐殿は、これ以上ないほどに愁《うれ》い嘆《なげ》いており、何を飲んでも、何を食べても、それをゆっくりと味わうことができないらしい」との噂を伝える如くである。彼がそれほどまでに追い詰められなければならなかった理由は、ただ一つだけであろう。

もちろん、長元四年当時の貴族社会の人々も、今や、惟憲こそが事件の主犯であることを確信していた。そのことは、『小右記』に見える次のような風聞からも明らかである。

「関白殿は、惟憲殿について、『すでに七十歳にもなろうとしているのだから、いい加減に出家して隠居すればよいものを』とおっしゃっている。関白殿が惟憲殿のことを嫌っておいでなのは、守《す》宮神《くのかみ》が関白殿の心に入り込んでそう思わせているからだろうか」。

「守宮神」と呼ばれる神格のことはよくわからないが、頼通が惟憲に対する不快感を示したというのは、おそらく、事実に即したことなのだろう。今回の皇族詐称事件で大恥をかいた頼通が惟憲に怒りをぶつけるのは、あまりにも当然のことであるように思われる。

ちなみに、藤原惟憲というのは、かねてより何かと悪評の多い人物であった。例えば、以上に紹介した二つの噂を耳にした右大臣実資は、それらの風聞を『小右記』に記録した折、惟憲についての世評を次のように書き加えているのである。

「惟憲は、貪欲《どんよく》であるばかりか、善悪を弁《わきま》えない輩でもある。大宰大弐在任中の彼が鎮西において犯した罪は、数万件にも及ぶらしい。彼は、僧侶を殺した不埒者でもある」。

ここで実資が言及する僧侶殺害については、その詳細を知ることはできない。が、惟憲が大宰大弐在任中に悪行の限りを尽くしたというのは、どうやら、本当のことであるらしい。長元二年七月十一日の『小右記』が、「大宰大弐殿は、無数の財宝を持ち帰ったらしい。彼は、鎮西の国々にあった財宝を一つ残らず掠奪《りゃくだつ》したうえ、異国の交易船がもたらした財宝をも全て接収したのである」と証言する如くである。

こうした惟憲の醜い所業は、実資を「もはや、恥を忘れたかのようである」と嘆かせることになるが、実際に恥も外聞も忘れて不当な蓄財に励んだ惟憲は、まさに王朝時代の悪徳受領《あくとくずりょう》の典型であった。そして、そんな惟憲の恥知らずな行為の中には、実資の弾劾《だんがい》する僧侶の殺害さえもが含まれていたのかもしれない。

皇子の証言

さて、長元四年正月十七日、事情聴取のために敦平親王のもとに派遣されたのは、大外記小野文義および少外記《しょうげき》文室相親《ふんやのすけちか》の二人の外記であった。この人選の根拠は、かの天暦七年の皇族詐称事件の折に式部卿宮元平親王に対する事情聴取にあたったのが外記であったという前例に置かれていたが、そうして選ばれた外記たちが事情聴取の中で遵守するべき手順もまた、右の前例に基づいて定められたものであったという。

『小右記』によると、この事情聴取の指揮を執る右大臣藤原実資が、敦平親王のもとに赴く外記に対してとくに厳しく命じたのは、事情聴取を終了するにあたっての手順であった。その手順に従うならば、聴取の内容が書き記された調書は、朝廷に提出される以前、必ず敦平親王の眼に触れなければならなかったが、ここに敦平親王への可能な限りの配慮があることは、言うまでもないだろう。先代の天皇の皇子を必要以上に不利な立場に追い込むようなことは、実資の望むところではなかったのである。

そして、こうした配慮のもとに実施された事情聴取における敦平親王の供述は、実資が『小右記』に書き写した公式の調書によれば、おおよそ、次のようなものであった。

「かねてより、毎年の正月に叙爵にあずかるべき皇族を推挙する際には、対象者の出自を詳しく調べ上げるという手続きをとっていた。しかしながら、今回ばかりは、昨年の冬から体調を崩していたうえ、公卿の前大宰大弐藤原惟憲殿からの紹介だったこともあり、これといった疑いを持つこともなしに推挙してしまった。そして、惟憲殿の言うところを鵜《う》呑《の》みにしていたため、推挙した人物の正体については、何も知らなかった」。

この敦平親王の証言によれば、やはり、今回の皇族詐称事件の首謀者は、あの藤原惟憲であったことになろう。これに対して、敦平親王はといえば、皇族の叙爵に関する特別な権限を持っていたがゆえに、凶悪犯を不正に叙爵にあずからせようとする惟憲に、うまく利用されただけだったのである。

そして、惟憲の敦平親王に対する働きかけは、実に巧妙なものであった。偽良国王＝大蔵光高を売り込もうとする惟憲は、「この良国王は、宇多天皇の子孫です。そして、今年の皇族の叙爵には、宇多天皇の子孫の誰かがあずかることになっています」と言って敦平親王に近づいたらしいのである。どうやら、王朝時代の皇族たちの間には、正月の叙爵にあずかるべき者の選出をめぐる独自の取り決めがあったようなのだが、そうした皇族たちにしか関係のない特殊な事情にまで眼を着けた惟憲は、ある種の天才だったのだろう。

なお、この情報を伝えるのは、参議源経頼の『左経記』であるが、経頼によれば、これもまた、事情聴取の折の敦平親王の供述に基づく情報であった。だが、右の情報は、どうしたわけか、朝廷に提出された調書には記載されていない。つまり、『小右記』に収録された正式な調書は、敦平親王の供述の全てを漏らさず記載しているわけではないのである。
もしかすると、これは、敦平親王への事情聴取にあたった外記たちが右大臣実資より厳命された手順を厳格に遵守した結果なのかもしれない。

偽皇族の野望

また、長元四年正月十七日の『左経記』は、もう一つ、『小右記』には見られない興味深い情報を伝えてくれている。すなわち、『左経記』によれば、この時点で式部卿宮敦平親王にかけられていた嫌疑というのは、「臣下の源光《ひかる》を皇族の良国王と偽って叙爵にあずかるべき皇族として推挙したこと」に関するものだったようなのである。そして、ここから知られるように、偽って「良国王」と名乗るようになる以前の大蔵光高は、「源光」という偽名を使っていたらしい。

すでに触れたように、鎮西の軍事貴族の息子であった大蔵光高は、寛弘四年（一〇〇七）に大隅守菅野重忠を射殺すという事件を起こしており、それ以降、本名を名乗っては表立って活動することのできない身となっていたはずであった。だが、それでもおとなしくしてはいられなかった光高は、大宰大弐として下向した藤原惟憲の取《と》り計《はか》らいで都への脱出を果たすまでの間、「源光」と名乗って鎮西で活動し続けていたのだろう。

したがって、もし寛仁三年（一〇一九）の「刀伊の入寇」に際して大蔵種材という軍事貴族の配下として奮戦した武士たちの名簿が存在するならば、そこには「源光」という名前も見られるかもしれない。種材こそが光高の父親であることは、すでに見た通りである。

ただ、「源光」という名前を偽名に使うというのは、何とも大胆な話ではないだろうか。

おそらく、当の光高にしてみれば、本名から一字を流用して作った平凡な名前を使っていただけのことだったのだろうが、それは、都の貴族たちの間では、少し目立ち過ぎる名前であった。というのは、かつて実在した源光が、仁明《にんみょう》天皇の皇子として生まれながらも臣下となって醍醐《だいご》天皇の時代には右大臣として活躍した、かなりの有名人だったからである。が、その源光の令名《れいめい》も、地方の軍事貴族の子弟には知られていなかったのだろう。

それにしても、元来は鎮西の軍事貴族の息子にすぎなかった光高は、詐術《さじゅつ》によって宇多天皇の血を引く従四位下良国王に生まれ変わった後、どのように生きるつもりだったのだろう。やはり、故郷の鎮西に地盤を持つ軍事貴族としての人生を望んでいたのだろうか。

もしそうだとすれば、彼の不正な叙爵が完全に成功していた場合、それ以降の日本の歴史は、われわれが知るものとはずいぶんと異なるものになっていたかもしれない。もしかすると、鎮西の大小の軍事貴族たちは、坂東《ばんどう》の軍事貴族たちがそうするよりも早くに、一つの結集された勢力を築き上げていたかもしれないのである。

王朝時代の鎮西には、大宰府の事実上の長官として都から下向してくる大宰権帥《だざいごんのそち》や大宰大弐を別とすれば、普通、従四位下以上の位階を持つ貴族などは存在しないものであった。したがって、公式に従四位下良国王として認知された大蔵光高は、鎮西において圧倒的に高い権威を持つ軍事貴族にもなり得たのである。そして、それは、鎮西の軍事貴族たちにしてみれば、地域的な統合を果たすための中心点を与えられたことと同義であったろう。

とすれば、例の偽良国王の叙爵を申請する書類に見られた不備は、その後のわが国の歴史を左右した、実に重大な不備だったのかもしれない。

後回しにされる処罰

さて、長元四年（一〇三一）の皇族詐称事件は、一時は往年の大隅守射殺事件の下手人が皇族として叙爵にあずかるという異常な事態をもたらしたにもかかわらず、以上に見た如く、わずか一夜にして発覚するや、それから半月と経たないうちにその全貌を明らかにされていた。そのため、この事件がその後に大きな混乱を残すことにはなっていない。

そして、右の事件の影響が最小限に食い止められたのは、間違いなく、関白左大臣藤原頼通の主導する朝廷が迅速に対処した結果であった。とすれば、王朝貴族たちの持っていた危機を管理する能力も、そう捨てたものではなかったのかもしれない。

しかしながら、やはり、王朝貴族たちの危機管理能力など、そうそう信用できるものではなかった。なぜなら、皇族詐称事件の全容を早々に解明したはずの朝廷が、それにもかかわらず、すぐには偽皇族の身柄を確保しようとしなかったからである。

その偽皇族というのは、例の偽良国王＝大蔵光高のことであるが、朝廷が彼の逮捕を後回しにしていたことは、本章の冒頭に紹介した関白頼通の手紙からも明らかであろう。件の書状に列挙されていた相談の一つは、「良国王を詐称する輩に関しては、すでに別の犯罪にも手を染めているうえ、叙爵にあずかろうとして皇族を詐称するような事件をも起こしたのであるから、その身柄を拘束するべきだろうか」というものである。そして、この手紙が右大臣藤原実資の手元に届いたのは、長元四年の三月一日のことであったが、それは、式部卿宮敦平親王への事情聴取が事件の全貌を明らかにした同年正月十七日から一ヶ月半も後のことであった。したがって、関白頼通を事実上の責任者としていた朝廷は、一ヶ月半もの間、偽良国王の身柄を押《お》さえるか否《いな》かを決めることさえなかったことになる。

だが、その偽良国王の正体は、寛弘四年（一〇〇七）に大隅守菅野重忠を射殺した後に姿を暗ましていた大蔵光高なのである。彼は、われわれ現代人の感覚からすれば、皇族詐称事件のことがなくとも、見つけ次第に逮捕されるべき凶悪犯罪者であろう。そんな人物を少なくとも一ヶ月半も野放しにしていたというのだから、王朝貴族たちの思考を理解するのは、われわれには容易なことではない。

もちろん、当時の朝廷も、最後まで偽良国王＝大蔵光高を捕らえようとしなかったわけではあるまい。『小右記』からは、右大臣実資が右の関白頼通からの諮問《しもん》に対して次のように答申したことが知られるのであり、また、その折の実資の具申が頼通に偽良国王＝大蔵光高の逮捕を決意させたことが推し測られるのである。

「良国王を騙る不埒者につきましては、検非違使《けびいし》に命じて身柄を拘束させるべきでしょうか。その者は、京中をうろついてはいないものでしょうか。今後のためにも早々に指名手配なさるべきでしょう」。

ただし、偽良国王＝大蔵光高が検非違使によって拘束されたという記録は、まったく残されていない。あまりにも当然のことながら、結果として十分な時間を与えられた光高は、ようやく検非違使が動き出したとき、すでに再び姿を暗ましてしまっていたのだろう。

賢人右府の助言

このように偽良国王＝大蔵光高の逮捕にさえ消極的であった関白藤原頼通は、式部卿宮敦平親王の処断をめぐっては、完全に及び腰になっていた。そのことは、彼が右大臣藤原実資に宛てた例の書簡より如実にうかがわれようが、ここで頼通を萎縮《いしゅく》させていたのは、先にも触れた通り、頼通の父親である故藤原道長が敦平親王の父親である故三条上皇から不当に玉座を奪ったという過去の出来事に起因する、拭《ぬぐ》いようのない後ろめたさである。

そんな頼通であれば、右大臣実資の助言には心底から安堵《あんど》したことだろう。事件の解決に当初より携わってきた実資は、頼通より意見を求められると、前大宰大弐藤原惟憲を処分することで一件に幕を引くように提案したのである。『小右記』によれば、同年三月一日、実資が頼通に返した消息文の冒頭は、おおよそ、次のようなものであったらしい。

「重ねて式部卿宮敦平親王様の処分のことをお尋ねになるのは、実にもっともなことです。また、式部卿宮様が事情聴取に応じられてお話しになったところに従いますならば、藤原惟憲の責任を追及なさるのは、当然のことです」。

ここで実資が敦平親王に対する処分を回避しようとしたのは、頼通を苛《さいな》んでいたような後ろめたさのゆえではなく、むしろ、奸臣《かんしん》に帝位を奪われた故三条上皇の皇子への同情のゆえであった。それは、次に見る実資の手紙の続きからも明らかであろう。

「そもそも、ご譲位になった上皇様の皇子様にあたられる方々というのは、何かと大きなご不満をお持ちでいらっしゃるものなのです。かつて朱雀《すざく》上皇様がその弟であらせられる村上天皇様に玉座をお譲りになられたときには、村上天皇様は朱雀上皇様を最も手厚く処遇なされたものです。朱雀上皇様が崩じられると、その崩御は天皇様の崩御と同様に扱われたのですが、それは、村上天皇様がご譲位のことを深く感謝なさっていたためでした。後一条天皇様は三条上皇様からのご譲位によってご即位なされましたが、式部卿宮様はその三条上皇様の皇子様であらせられるのですから、多少の不祥事については、寛容に眼をつぶって差し上げるのがよろしいのではないでしょうか。ですから、公式に式部卿宮様の罪状を量られるようなことは、なさらないのがよろしいでしょう」。

また、敦平親王が処断されるという事態を避けたかった右大臣実資は、中納言藤原兼隆を処罰対象とすることをも提案する。つまり、その舅《しゅうと》として敦平親王のよき相談役であらねばならなかった兼隆の責任を問うことで、親王自身の責任を不問に付そうと考えたのである。その提案は、実資が頼通に宛てた書状の終わり近くで、次のように表明されている。

「事件の真相を考えますに、これは、式部卿宮様の意図されたものではありますまい。ただただ藤原兼隆・藤原惟憲の両名の不心得より生じた事件なのではないでしょうか。ですから、この二人を処罰することには、何の不都合がありましょうか。兼隆・惟憲こそが、最も罪が重いのです。ただ、この二人を尋問することはやめておきましょう。式部卿宮様のお立場に配慮するということを口実にしまして、なるべく穏便にすませるのが、ここでは適切なのではないでしょうか」。

軽過ぎる処分

それでも、朝廷の権威を保つ責任を負っていた関白左大臣藤原頼通は、敢えて式部卿宮敦平親王をも処罰対象に含める決定を下したらしい。『小右記』によれば、その決定が右大臣藤原実資に伝えられたのは、長元四年の三月十四日のことであったが、歴史書の『日本紀略』は、同日の出来事を次のように伝えている。

「式部卿宮敦平親王に職務停止の処分が下された。親王が皇族として叙爵にあずからせようとした源良国は、大宰大監大蔵種材の息子であり、かつて大隅守菅野重忠を射殺した犯人であったが、氏名を変えて皇族になりすまそうと企んだのである。また、前大宰大弐藤原惟憲にも、この一件に荷担したことを理由に、参内禁止の処分が下された」。

右の『日本紀略』の記述には多少の混乱も見られるが、それでも、敦平親王と藤原惟憲とが処分を受けたという最も肝要な事実は、ここからでも十分に把握されよう。結局、長元四年の皇族詐称事件に関する処罰としては、藤原惟憲が参内を禁止されるとともに、敦平親王が職務の停止を言い渡されたのである。

ここで敦平親王が停止を通達された職務というのは、もちろん、式部省《しきぶしょう》の長官である式部卿としてのそれであったが、親王の職務停止処分が解除されたのは、同年の九月五日のことであった。『小右記』によれば、その日、「式部卿宮敦平親王は、式部省の職務に従事せよ」との勅命《ちょくめい》が下されたのである。したがって、敦平親王が皇族詐称事件に関与したことで蒙った処分は、結果として、わずか半年足らずの職務停止であったことになる。

なお、同日の『小右記』によると、右の勅命のことを事前に承知していた右大臣実資は、中納言藤原兼隆に内密の書状を送っている。その手紙は、敦平親王の処分が解除されることを伝えるものであったため、親王の舅である兼隆と親王の妻となっていた兼隆の娘とを心から喜ばせたという。敦平親王に対する事情聴取が行われる直前、泣きついてきた兼隆を冷たくあしらった実資であったが、彼は彼なりに兼隆のことを気にかけていたのである。

また、その日の『小右記』から知られるところでは、天暦七年に起きた例の古い皇族詐称事件の黒幕は、皇族の神祇《じんぎ》伯忠望《はくただもち》王であったらしい。すでに見たように、その皇族詐称事件には、陽成天皇を父親とする式部卿宮元平親王が関与していたが、実資が彼の祖父である藤原実頼の日記を調べて入手した情報によると、元平親王に職務停止の処分が下されたとき、忠望王にも参内禁止の処分が下されていたようなのである。とすれば、この忠望王の役回りは、長元四年の事件において藤原惟憲が演じたそれと同様のものであったろう。

そして、実資の調べによれば、元平親王の職務停止処分が解除されたのは、忠望王の参内禁止処分が解除された後であったが、もし敦平親王の職務停止処分の解除が元平親王の前例に基づくものであったとすれば、当然、長元四年九月五日の時点では、すでに惟憲の参内禁止処分は解除されていたことになろう。つまり、藤原惟憲という悪徳受領は、殺人犯を皇族として叙爵にあずからせるという大罪を犯したにもかかわらず、半年にも満たない期間の参内禁止処分を蒙るのみで、その罪を許されたことになるのである。

2　公共事業費を横領し尽くす

大夫監のモデル

寛弘《かんこう》四年（一〇〇七）の七月一日、鎮西《ちんぜい》の大宰府《だざいふ》において、大隅守菅野重忠《おおすみのかみすがののしげただ》が殺されるという事件が起きた。歴史書の『日本紀略《にほんきりゃく》』によれば、重忠を殺したのは、大宰大監大蔵種材《だざいのだいげんおおくらのたねもと》の息子の大蔵光高《みつたか》であった。その光高が、重忠を弓矢で射殺《いころ》したのである。

こうして生命を落とした大隅守重忠は、「王朝貴族」と呼ばれる人々の一人であった。彼は、受《ず》領《りょう》国司として鎮西に下向した王朝貴族だったのである。したがって、その重忠が非業の最期《さいご》を遂げたという話は、当時の貴族層の人々に大きな衝撃を与えたことだろう。

だが、どうしたわけか、王朝貴族の残した史料は、この事件の背景について、何も語ってくれない。いや、それどころか、犯行の動機についてさえ、何一つとして証言してくれない。右の一件に関して〈いつ〉〈誰が〉〈どこで〉〈誰を〉〈どうやって〉といったことを明確に伝える『日本紀略』

も、〈なぜ〉ということにはまったく言及していないのである。

とすれば、大隅守射殺事件の背景を正確に知ることは、まず不可能であろう。

ただ、正確に知ることは無理でも、おおよその見当をつけることは十分に可能である。

大隅守菅野重忠を射殺した大蔵光高の父親は、寛仁《かんにん》三年（一〇一九）の「刀伊《とい》の入寇《にゅうこう》」の折に異国の賊徒《ぞくと》を相手に奮戦するように、鎮西の軍事貴族の一人であった。しかも、大宰府の三等官である大宰大監を務めたことから見て、鎮西において相当に有力な軍事貴族であったらしい。その彼を「豪族」と呼ばずに「軍事貴族」と呼ぶのは、彼が従五位下《じゅごいげ》以上の位階《いかい》を持つ厳密な意味での貴族の一人だったことが推測されるからに他ならない。

よく知られるように、『源氏物語《げんじものがたり》』という王朝物語には、「大夫監《たいふのげん》」と呼ばれる人物が登場する。「大夫」という呼称は、彼が従五位下以上の位階を有していたことを示し、また、「監」という呼称は、彼が大宰大監もしくは大宰少監《だざいのしょうげん》の官職を帯びていたことを意味する。そして、「大夫監《たいふのげん》とて、肥後《ひご》の国《くに》に族広《ぞくひろ》くて、かしこにつけてはおぼえあり、勢《いきお》ひいかめしき武士《つわもの》あり」と紹介される彼は、鎮西の肥後国に地盤を持つ軍事貴族であった。しかも、みずから「国《くに》のうちの仏神《ぶっしん》は、おのれになむ靡《なび》きたまへる」と豪語する大夫監は、肥後国内では神や仏をも従えるほどの有力者であったという。

そして、この大夫監のモデルとなったのは、おそらく、大隅守射殺事件に関連して都でも一時的に有名になった大宰大監大蔵種材であったろう。その大隅守射殺事件が都の人々の間で話題になったのは、寛弘四年からその翌年にかけた頃のことであったと考えられるが、それは、まさに紫式部《むらさきしきぶ》が『源氏物語』を執筆していた時期にあたっているのである。

ただし、「大夫監」と呼ばれる架空の軍事貴族が肥後《ひご》国の事実上の支配者であったのに対して、大蔵種材という実在の軍事貴族は、おそらく、大隅国の有力者だったのだろう。また、大夫監の一族が肥後国内では神仏をも服属させていたのとは異なり、種材の一族は、大隅国内の権益を守るため、ときとして同国の受領国司である大隅守と衝突しなければならなかったにちがいない。そして、歴代の大隅守たちの中で最も激しく種材の一族と対立したのが、寛弘四年に種材の息子によって射殺された菅野重忠だったのではないだろうか。

大隅守射殺事件の首謀者

このように考えるならば、寛弘四年に起きた大隅守射殺事件をめぐっては、大宰大監大蔵種材こそを、真犯人と見なすべきなのかもしれない。

もちろん、実際に大隅守菅野重忠を射殺したのは、『日本紀略』の伝える通り、確かに種材の息子の大蔵光高だったのだろう。だが、それは、必ずしも光高が大隅守殺害の首謀者であったことを意味するわけではない。そして、大隅国を任国とする受領国司の重忠と大隅国を地盤とする軍事貴族の種材とが、大隅国内の権益をめぐって対立していたという背景が想定されるのであれば、普通に考えて、種材の息子が重忠を殺害したとされる右の事件は、より厳密には、種材が息子に重忠を抹殺《まっさつ》させた事件であったろう。

事実、菅野重忠の遺族が重忠殺害の犯人として朝廷に訴えたのは、まさに大蔵種材その人であった。藤原道長《ふじわらのみちなが》の『御堂関白記《みどうかんぱくき》』によれば、寛弘五年五月十六日の公卿《くぎょう》会議では、重忠の遺族が訴え出た「大蔵種材によって殺された菅野重忠のこと」が話し合われていたのである。また、藤原実資《さね》《すけ》の『小右記《しょうゆうき》』には、それから半年ほどを経た同年十一月十四日、種材が大隅守射殺事件の容疑者として朝廷に身柄を拘束されたことが記されていたらしい。

残念ながら、寛弘年間の『小右記』は、そのほとんどが現在に伝わっておらず、問題の記事も、すでに失われてしまっている。が、実資が他界して間もない頃に『小右記』の索引《さくいん》として作られた『小記目録《しょうきもくろく》』からは、件《くだん》の日付の『小右記』が確かに「種材が拘禁されたこと」を記録していたことが知られる。そして、その『小記目録』によると、大蔵種材を拘留する施設として使われたのは、内裏《だいり》の弓場殿《ゆばどの》（射場殿《いばどの》）である。

王朝時代において、平安京内で拘留される犯罪容疑者は、普通、すでに罪状の定まった囚人たちとともに、獄舎《ごくしゃ》に収容されるものであった。それにもかかわらず、種材に関して右のような措置がとられたのは、おそらく、これ以前から彼が従五位下を下らない位階を持っていたためであろう。

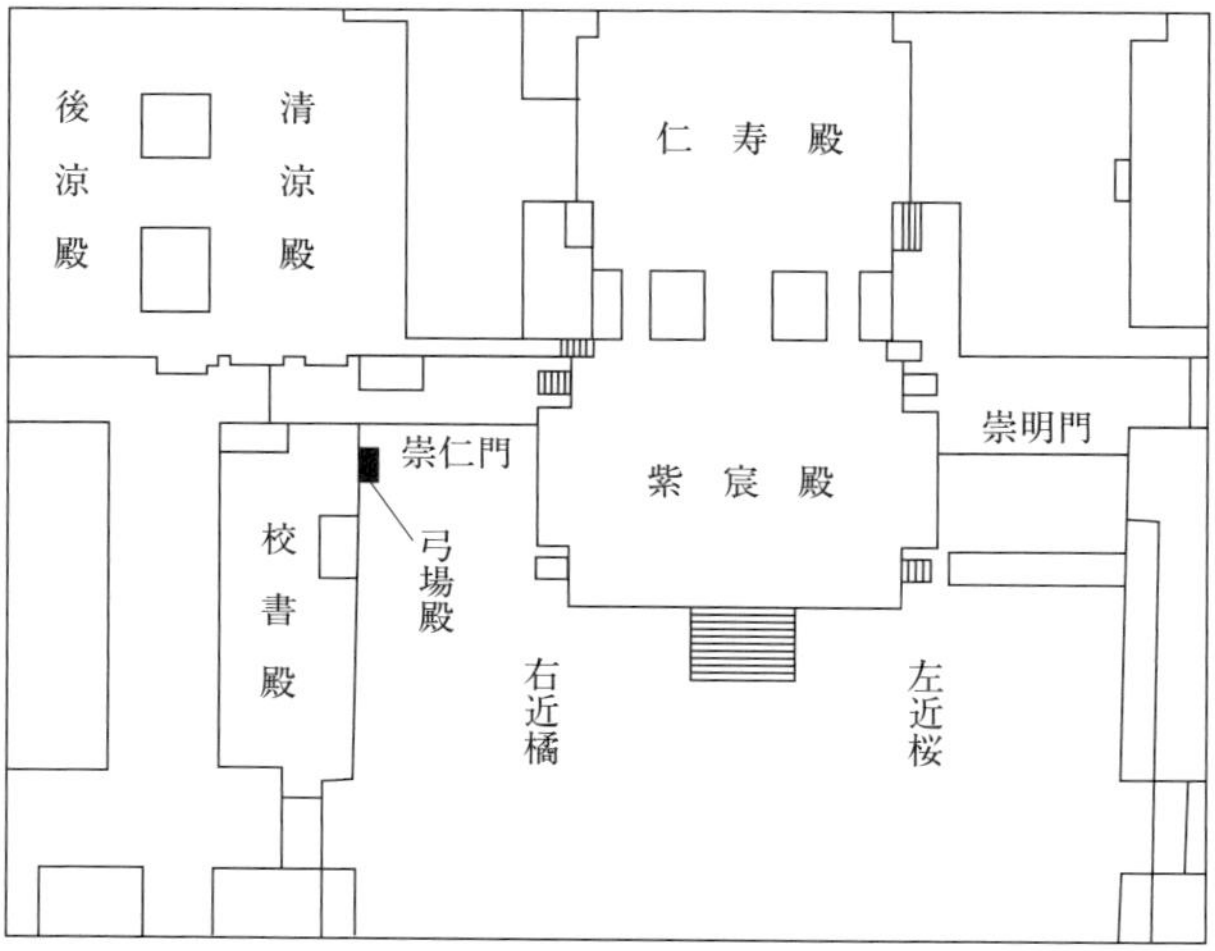

内裏と弓場殿

従五位下以上の位階を有することで公式に貴族として扱われた人々は、凶悪犯罪の容疑者となった場合にさえ、かなり特別な扱いを受け得たのである。

ただ、大隅守射殺事件の容疑者として逮捕された種材は、その後、数ヶ月にも渡って弓場殿に拘置され続けることになる。こうなった理由については、この時期の『小右記』が満足に残っていないこともあり、まったく知ることができない。が、種材が最終的には推定無罪の扱いを受けたという結果からすれば、種材の拘留が続いていた間、種材を殺人犯と断じるための捜査は、かなり難航していたのだろう。

結局、朝廷が種材の断罪を諦めて彼を釈放したのは、『小記目録』によれば、寛弘六年の七月二十六日のことであった。当然のことながら、監禁を解かれた種材は、すぐにも一族の待つ大隅国へと帰り、その地において軍事貴族としての生活を再開したことだろう。そして、ここで種材が大隅国へと戻っていなかったならば、この十年後に「刀伊の入寇」が鎮西にもたらした惨禍《さんか》は、われわれが知る以上のものになっていたかもしれない。

しかし、大隅守射殺事件について言えば、その首謀者は、やはり、大蔵種材であったろう。

生命を狙われる受領たち

このように、一条《いちじょう》天皇が玉座にあった寛弘四年、わが国の西の辺境である鎮西において、大隅守が大隅国の軍事貴族によって殺害されるという事件が起きていたわけだが、これは、けっして希有な出来事ではなかった。すなわち、受領国司として諸国に下向した都の貴族が、その任地に地盤を持つ軍事貴族や豪族によって生命を狙われるというのは、王朝時代において、そう珍しいことではなかったのである。

例えば、一条天皇の曾祖父《そうそふ》にあたる醍醐《だいご》天皇の治世《ちせい》にも、かつて本朝の東の辺境であった上野《こうずけ》国において、同国の豪族たちが上野介《こうずけのすけ》を殺すという事件が起きていた。『日本紀略』によれば、延喜《えんぎ》十五年（九一五）の二月十日、東国から朝廷に届いたのは、「上野介藤原厚載《ひろつぐ》が上毛野基宗《かみつけぬのもとむね》たちに殺害された」という報告だったのである。これを中央に伝えたのは、その事実上の長官を失った上野国ではなく、同国に隣接する信濃《しなの》国であったという。

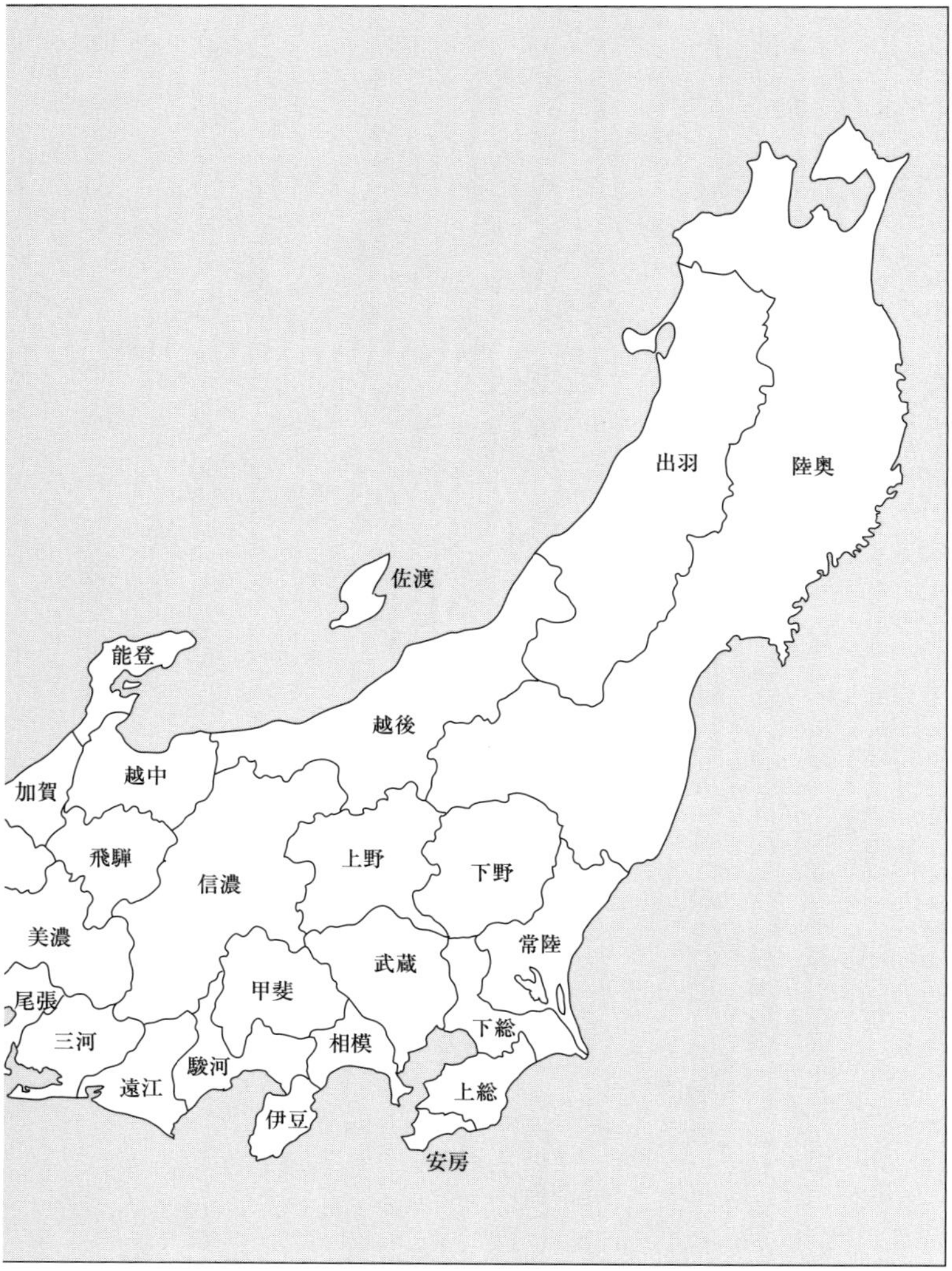

日本地図

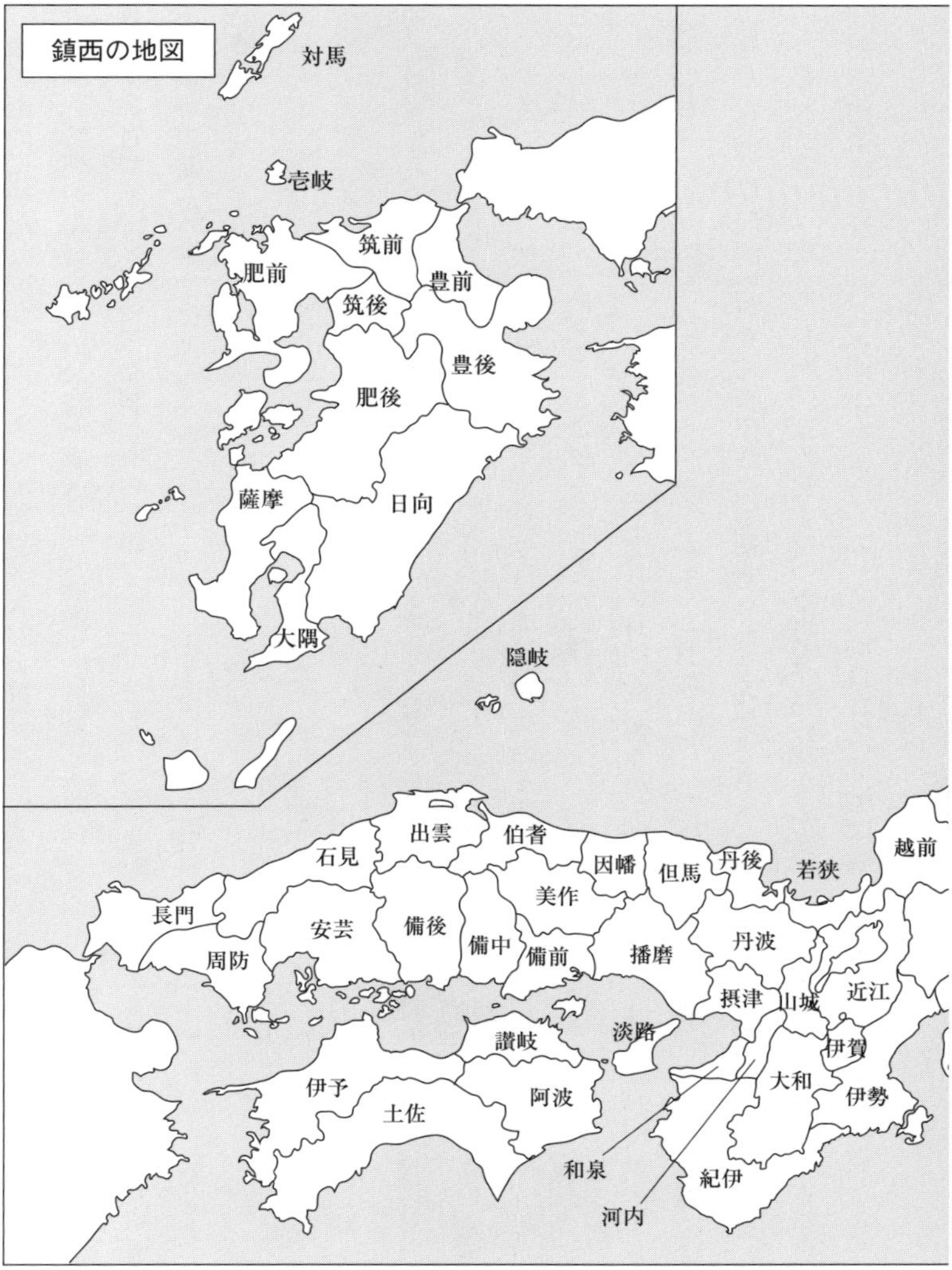
鎮西の地図
対馬
壱岐
筑前
肥前
豊前
筑後
豊後
肥後
薩摩
日向
大隅
隠岐
出雲
伯耆
石見
因幡
但馬
丹後
若狭
越前
長門
美作
安芸
備後
周防
備中
備前
播磨
丹波
摂津
山城
近江
淡路
讃岐
伊賀
伊予
大和
阿波
伊勢
土佐
和泉
紀伊
河内

念のために補足しておくと、ここで殺害された上野介藤原厚載は、上野国の受領国司の立場にあった。上野国の場合、その長官の上野太守《こうずけのたいしゅ》が親王《しんのう》の就任するべき名目上の官職となっていたため、普通、次官の上野介が受領を務めていたのである。また、その上野介を殺した上毛野基宗の一族は、上野国の由緒ある豪族に他ならない。かつて「上毛野国《かみつけぬのくに》」と呼ばれていた上野国は、『日本書紀《にほんしょき》』の時代から、上毛野氏の盤踞《ばんきょ》する地だったのである。

そして、再び一条天皇の時代に眼を転ずるならば、長保《ちょうほ》四年（一〇〇二）の年末もしくはその翌年の年頭には、平維良《たいらのこれよし》という下総《しもうさ》国の軍事貴族が、下総守《しもうさのかみ》の公邸である下総守館《しもうさのかみのたち》に焼き討ちをかけていたらしい。『百錬抄《ひゃくれんしょう》』という歴史書によれば、長保五年二月八日の公卿会議において、「平維良が下総国府《こくふ》および下総守館に火を放ったうえに下総国の公有財産を掠奪《りゃくだつ》したこと」が議題にされているのである。この一件で下総守宮道義行《みやじのよしゆき》が生命を落とすことはなかったものの、維良が義行の殺害を目論《もくろ》んでいたことは疑うべくもない。

とすれば、寛弘五年（一〇〇八）の七月に長門守館《ながとのかみのたち》を包囲された長門守《ながとのかみ》藤原良道《よしみち》も、やはり、危なく生命を奪われるところだったのだろう。『小右記』によれば、手勢を率いて長門守館に攻め寄せたのは、長門《ながと》国の阿武《あむ》郡に住む土師朝兼《はじのともかね》という人物であったが、従五位下以上の位階を有していたという彼は、まさに長門国に地盤を持つ軍事貴族に他なるまい。そして、その西国の軍事貴族である朝兼に襲撃された長門守良道は、どうにか自身の危難は脱したものの、その代償としてか、三名の郎等《ろうとう》を殺されている。

さらに、受領国司の生命を狙って守館に焼き討ちをかけるという事件は、鎮西の軍事貴族によっても引き起こされている。すなわち、一条天皇の息子の後一条《ごいちじょう》天皇が帝位にあった長元《ちょうげん》二年（一〇二九）の春もしくは夏、大隅国を活動拠点とする従五位下大宰大監平季基《たいらのすえもと》が、息子の従五位下平兼光《かねみつ》などとともに、大隅国府や大隅守館などを襲撃して火を放ったのである。この一件でも、大隅守自身は難を逃れていたようだが、『小右記』によれば、国府・守館に攻め込んだ季基・兼光の一党は、その場に居合わせた人々を殺戮《さつりく》しつつ、大隅国の公有財産を掠奪したらしい。

「尾張国郡司百姓等解」

ところで、「尾張国郡司百姓等解《おわりのくにぐんじひゃくしょうらげ》」という文書は、現在、どれほどの知名度を持っているものなのだろうか。

永祚《えいそ》元年（九八九）の二月五日および同六日、両日の公卿会議における議題の一つは、「尾張国の百姓が朝廷に尾張守《おわりのかみ》藤原元命《もとなが》の罷免《ひめん》を嘆願《たんがん》したこと」、あるいは、「尾張国の百姓などが朝廷に尾張守藤原元命の違法行為を告発したこと」であった。これは、『日本紀略』および『百錬抄』の伝えるところであるが、ここに明らかなように、尾張国の受領国司であった藤原元命は、永祚元年二月五日以前、自身の任国に暮らす人々から、違法行為を訴えられるとともに、罷免を求められてもいたのである。

ここで朝廷に尾張守元命の更迭《こうてつ》を要求したとされている「尾張国の百姓」というのは、映画『七《しち》人《にん》の侍《さむらい》』やテレビドラマ『水戸黄門《みとこうもん》』に登場するような、汗と泥とにまみれて朝から晩まで働き続けながらも食うや食わずの生活を送らねばならないという、貧しく憐《あわ》れな農民ではない。むしろ、そうした無力な農民たちを自在に使役することによって広大な田地《でんち》から莫大な収益を上げようとしていた、才覚ある農業経営者として理解されるべきであろう。王朝貴族が「尾張国の百姓」と呼んだのは、尾張国において豪族のような立場にあった人々であり、あるいは、尾張国の豪族そのものと見なされるべき人々であった。

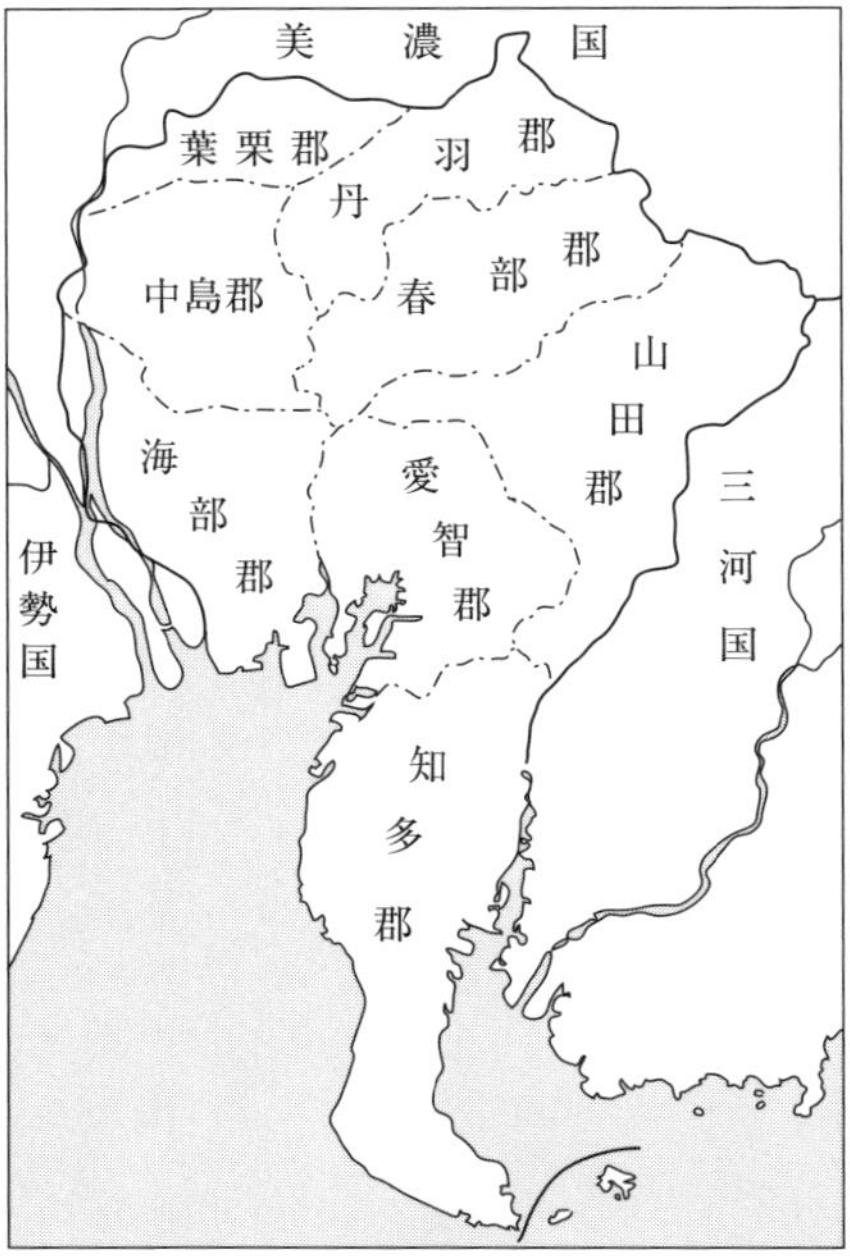

尾張国

　そんな尾張国の百姓たちによる尾張守藤原元命に関する嘆願もしくは告発は、「解《げ》」と呼ばれる形式の文書を通じて朝廷に届けられた。そのような文書を作成し得たこと自体、王朝時代に「百姓」と呼ばれた人々が無力な農民ではなかったことの証左となろうが、とにかく、尾張守元命の罷免を望む尾張国の百姓たちは、元命の行った三十一種類もの違法行為を書き連ねた解を、元命の頭越しに朝廷に提出したのである。そして、その嘆願書あるいは告発状こそが、われわれが「尾張国郡司百姓等解」や「尾張国解文《おわりのくにげぶみ》」などの名称で聞き知っている文書に他ならない。

この文書が「尾張国郡司百姓等解」とも呼ばれるのは、その内容に責任を負うべき人々の中に尾張国の郡司《ぐんじ》たちが混じっていたからである。したがって、尾張守元命は、任国の百姓たちからのみならず、国守を助けて働くべき郡司たちからまでも、その罷免を強く望まれていたことになろう。そして、尾張国の百姓たちと歩調を合わせて朝廷に尾張守の交替を求めた尾張国の郡司たちというのは、尾張国内の各郡の統治にあたる地元出身の地方官人たちである以前に、それぞれの郡内に地盤を持つ古くからの豪族たちであった。

とすると、「尾張国郡司百姓等解」という文書からは、尾張守藤原元命が任国の数多くの豪族たちに強い敵意を抱かせることになった一般的な事情を読み取ることができるだろう。その嘆願書なり告発状なりに示されているのは、郡司あるいは百姓として尾張国に根を張っていた大勢の豪族たちの総意なのである。

また、元命が尾張国の豪族たちを敵に回した事情は、王朝時代の受領たちがそれぞれの任国の軍事貴族たちに殺意を抱かせた一般的な事情と、多分に通じているにちがいない。

五種類の悪行

さて、「尾張国郡司百姓等解」の冒頭に置かれたのは、文書の表題の役割を果たす次のような一文であった。この嘆願書もしくは告発状を朝廷に提出したのが尾張国の郡司と百姓とであるということは、ここに改めて確認されよう。

「尾張国の郡司および百姓が解を提出して朝廷によるお裁きをお願い致します」。

そして、この表題の直後に見える数行を、歴史学者は「前文」と呼ぶ。というのは、次に見る如《ごと》く、当該部分の果たす役割が、文書全体の趣旨を説明することにあるからである。

「願わくば、ご裁断くださいませ。当国の国守《こくしゅ》である藤原元命殿は、本年を含む三ヶ年の間、税の名目で物品を奪《うば》い盗《と》るという違法を行うとともに、暴力を用いた脱法をも行いましたが、それらの違法行為や脱法行為は、合わせて三十一ヶ条にも及びます。これが本状の趣旨です」。

こうして文書の趣旨が明示された後、いよいよ「合わせて三十一ヶ条にも及びます」という尾張守藤原元命の悪行の列挙がはじめられることになるわけだが、そこで尾張国の郡司や百姓が数え上げる尾張守元命の不正は、おおむね、A不当課税および不当徴税・B恐喝《きょうかつ》および詐欺《さぎ》・C公費横領・D恐喝および詐欺の黙認・Eその他の五つに分類されよう。そして、その内訳は、次の如くとなる。

A不当課税および不当徴税（九ヶ条）

第一条・第二条・第三条・第四条・第六条・第八条・第十四条・第十五条・第十八条

B恐喝および詐欺（三ヶ条）

第七条・第九条・第二十二条

C公費横領（十ヶ条）

第十条・第十一条・第十二条・第十三条・第十七条・第十九条・第二十条・第二十一条・第二十四条・第二十五条

D恐喝および詐欺の黙認（四ヶ条）

第十六条・第二十七条・第二十八条・第二十九条

Eその他（四ヶ条）

第二十三条・第二十六条・第三十条・第三十一条

なお、ここでは、三十一ヶ条のうちの第五条を、AからEまでのどこにも配していない。が、それは、同条が第二条・第三条・第四条の繰り返しとして理解されるからである。「尾張国郡司百姓等解」に列挙された尾張守元命の違法行為あるいは脱法行為の実質的な数は、全部で三十ヶ条として理解されなければならない。

そして、その三十ヶ条からは、藤原元命という受領国司が任国において派手に公費を横領していたという事実が浮かび上がることになろう。右に示したところから明らかなように、尾張国の郡司および百姓が数え立てた尾張守元命の三十ヶ条の悪行は、その三分の一までが公費の横領として理解される種類のものなのである。

悪用された公的融資制度

それでも、尾張国の郡司や百姓が「尾張国郡司百姓等解」において最初に糾弾《きゅうだん》しようとした尾張守藤原元命の悪行は、次に見る如く、公費の横領に類するものではなく、不当な課税と見なされるべきものであった。

［第一条］　公的融資の利息を名目とした不当な増税を行った。

王朝時代、尾張国をはじめとする地方諸国の政府＝国府は、われわれ現代人には少し奇異なものに見えるような公的融資を行っていた。

それは、毎年の春先、国内の百姓＝農業経営者たちに対して一年間の農業経営の元資《げんし》となる米を貸しつけるというものであり、また、その年の冬、新たに収穫された米の中から元本《がんぽん》と三割ほどの利率の利息とを回収するというものであった。こうした公的な融資は、表面上、国府による農業振興策に見えるのではないだろうか。

しかし、これは、借り手の意思を無視した強制的な融資であった。つまり、農業経営に携わる百姓たちは、たとえ経営の元資に困っていなくとも、毎年、必ずや国府からの融資を受けなければならなかったのである。そして、この融資をまったく無意味に受けた百姓であっても、融資を受けた以上、絶対に利息を払わなければならなかった。当然、豊富な元資を持つ百姓にしてみれば、右の公的融資の制度は、迷惑なものでしかなかっただろう。

結局、王朝時代の国府が行っていた公的融資は、農業振興策であるどころか、融資の体裁を借りた課税でしかなかった。当時の百姓たちは、正規の税を納めさせられたうえに、公的融資に対する利息を名目とする不可解な税の納付をも義務づけられていたのである。

ただし、そんな理不尽な負担を強いられていた百姓たちにも、多少の救いはあった。すなわち、国府が行う強制的な融資にも、貸しつけの限度額があったのである。例えば、「尾張国郡司百姓等解」によれば、尾張国府が国内の百姓に貸しつけることのできる元本の総額は、一万二三一〇石《こく》ほどに制限されていたらしい。そして、同国の百姓たちが公的融資への利息の名目で徴収される税の総額は、例年、三七〇〇石弱に収まるはずであった。

ところが、寛和《かんな》二年（九八六）に着任した尾張守藤原元命は、こうした従来よりの規定を平然と無視したという。永延《えいえん》二年（九八八）までの三ヶ年に合計で二万一五〇〇石を超える額の強制融資を追加して、百姓たちから六四〇〇石以上もの米を利息として取り立てたのである。もちろん、この六四〇〇石は、その全てが元命個人の懐《ふところ》に入ったことだろう。
ちなみに、こうして元命が尾張国の百姓たちから巻き上げた米六四〇〇石は、王朝時代の大半の人々にとって、一生を費やしても稼ぎ出し得ないほどの巨富であった。当時、一般的な雑役に従事する労働者は、朝から晩まで働いても、一升《しょう》（〇・〇一石）もしくは二升（〇・〇二石）ほどの米しか手にできなかったのである。そんな庶民層の人々にしてみれば、六四〇〇石というのは、数百年分から千数百年分の年収に等しい額であった。
だが、公的融資の制度を悪用する受領国司たちには、それだけの額を稼ぐことも、そう難しいことではなかったにちがいない。

着服のための増税

しかも、尾張守藤原元命が自身の蓄財のために悪用したのは、事実上の課税制度となっていた公的融資制度だけではなかった。尾張国の富を吸い上げられるだけ吸い上げるつもりであった元命は、本来的な課税制度をも、存分に悪用したのである。

［第二条］　課税対象ではない田地からも税を取り立てた。

当然のことながら、本来は徴収されないはずの税は、徴収された後、国府の財政に組み込まれることもなければ、朝廷に上納されることもなかった。非課税のはずの田地から不当に徴収された税の行き先は、言うまでもなく、尾張守元命の懐であったろう。

［第三条］　朝廷の許可を得ずに税率を大幅に引き上げた。

違法な税率を用いて百姓たちから税を取り立てた尾張守は、けっして藤原元命だけではない。実のところ、元命に先立つ歴代の尾張守たちは、一町（約一万二〇〇〇平方メートル）の田地について九石もしくは十二石という税率を当たり前のように用いていたらしいのだが、それは、朝廷によって定められた一町につき四・五石という税率から大きく逸脱したものであった。どうやら、王朝時代の尾張国においては、法定に倍する税率での課税が、慣例化してしまっていたようなのである。だが、そんな尾張国に生きる百姓たちも、元命が寛和二年（九八六）に新しく採用した税率には、さすがに憤慨せずにはいられなかった。というのも、元命の提示した新税率が、一町につき二十一・六石という、あまりにも高いものだったからである。それは、従来の違法税率の一・八倍から二・四倍の税率であり、法定税率と比すれば四・八倍にもなる高過ぎるほどに高い税率であった。

［第四条］　着服するためにまったく名目の立たない税を取り立てた。

一町につき八・四石というのは、尾張守元命が任国の百姓たちに臨時に課した特別税の税率である。これが本来の税の法定税率の二倍に近い高い税率であることは、ことさらに言うまでもないだろうが、この高税率の特別税は、一片の正当性もないまったく違法なものであった。すなわち、この税は、ただたんに元命の懐を温めるためだけに課されたものだったのである。

このように、「尾張国郡司百姓等解」の第二条から第四条までの三ヶ条においては、尾張守藤原元命による課税制度の悪用が糾弾されているわけだが、ここで指摘されている不正によって元命が手にした不正な富の総額は、軽く十五万石を超えていたらしい。というのは、右の三ヶ条に続く第五条が、次のように証言しているからに他ならない。

[第五条]　**前三ヶ条の不正によって毎年のように五万石を超す不当な利益を上げた。**

十五万石というと、王朝時代の一般的な労働者の二万年分の年収を上回る額である。それは、当時の庶民層の人々にとって、まったく現実感のない数字であったかもしれない。だが、確かな現実として、尾張国の百姓たちは、寛和二年からの三ヶ年の間に、それだけの富を尾張守元命によって巻き上げられていたのである。

公務としての掠奪

しかし、その十五万石という巨富も、悪徳受領の底無しの欲望を満足させはしなかった。

[第六条]　**絹織物《きぬおりもの》の公定価格を不正に改変して事実上の増税を行った。**

尾張国の百姓たちが負っていた税には、二・四町の田地について一疋《ぴき》（〇・六七メートル×十五・五六メートル）の絹織物を納めるというものもあった。そして、この税の税率は、田地一町につき米二石というものとしても理解されていた。これは、王朝時代の尾張国において、絹一疋と米四・八石とを等価とする公定価格が用いられていたからに他ならない。

だが、この公定価格は、寛和二年（九八六）からの三ヶ年、一時的に効力を失うことになる。新たに受領国司として尾張国に赴任した藤原元命が、絹一疋を米二・二石にしか見積もらないという、それまでとはまったく異なる公定価格を、強引に導入したのである。

そして、このような絹織物の公定価格の改定が行われた結果、尾張国の百姓たちは、それまでの倍以上もの量の絹織物を国府に納めなければならなくなった。すなわち、絹一疋の価値が米四・八石から米二・二石へと急落したにもかかわらず、田地一町につき米二石という税率は据え置かれたため、かつては二・四町の田地から徴収されていた絹一疋が、今度はわずか一・一町の田地から取り立てられることになったのであった。

もちろん、こうして余計に徴収された大量の絹織物は、そっくりそのまま、元命の私財の一部となったのだろう。

また、この税に関しては、かなり手荒な徴収が行われていたらしい。

［第十四条］　絹織物を納付する期限を不当に早めたうえに乱暴な取り立てをした。

「尾張国郡司百姓等解」によれば、従来の尾張国における慣例では、人々が国府に絹織物を納めるべき期間は、毎年の六月上旬から九月下旬までの四ヶ月間であった。この期間というのは、田植《たうえ》が終わってから稲刈《いねかり》がはじまるまでの時期にあたっているが、その間であれば、絹織物の納入に関わる作業が稲作農耕の進行を妨げることも少なかっただろう。とすれば、右の慣例は、百姓たちの意向に沿って成立したものにちがいない。

しかし、寛和二年に尾張守に就任した藤原元命には、任国の百姓たちの都合など、まったく考慮するに値しないものであったらしい。元命が絹織物の取り立てを開始したのは、毎年、いまだ多くの田地において田植が完了していなかったであろう五月中旬だったのである。それまでより半月以上も早く絹織物が徴収されはじめるようになったことは、尾張国の百姓たちをひどく困惑させたことだろう。

しかも、尾張守元命による絹織物の徴収は、実に乱暴なものであった。元命の配下の徴税使は、その郎等や従者を百姓たちの家宅に踏み込ませ、徴収するべき絹織物の他、めぼしい物品の全てを、手当たり次第に奪い去ったというのである。これでは、強盗団の掠奪と何ら変わるところがあるまい。いや、強盗よりも始末が悪かったかもしれない。というのは、あくまで公務を遂行していることになっていた徴税使たちには、手向かう者があった場合、尾張守元命の名のもとに容赦のない刑罰を与えることも可能だったからである。

熱心な取り立て

藤原元命のような悪徳受領は、ときとして、あたかも謹厳な国司であるかのような顔をすることもあった。

［第八条］　過去の未納分の税を無関係な郡司や百姓から不当に取り立てた。

元命が尾張守を拝命した当時、どこの国の国府の帳簿を見ても、ずいぶんと昔の国司たちが取り立て損ねた税が、累積しつつ繰り越され続けているものであった。が、当時の朝廷は、そうした税を徴収することを、すでに諦めていたらしい。そうした意味では、過去の未納分の税というのは、あくまでも帳簿上の数字にすぎなかったのである。

だが、そのたんなる数字も、尾張国においては、国守の元命によって生命を吹き込まれることになった。あるいは、息を吹き返させられたと表現するべきだろうか。

そう、税の徴収が大好きな尾張守元命は、すでに時効を迎えたものとして扱われていた過去の未納分の税をも、かなりの熱意を持って完璧に取り立てようとしたのであった。

ただし、元命の熱心な取り組みによって税を負担させられたのは、そんな徴税に応じる必要のない人々であった。つまり、その時点で尾張国内に住んでいた郡司や百姓が、まったく理不尽にも、かなり以前に赤の他人が滞納した税を負わされたのである。「尾張国郡司百姓等解」によれば、このときの徴税もまた、掠奪さながらに実行されたらしい。

こうして、尾張国の郡司や百姓のもとからは、長く滞納されていた税として、大量の米や絹織物が運び出されたわけだが、それらの財は、やはり、元命の懐に直行したのだろう。ここで元命が徴収したのは、朝廷がすでに徴収の努力を放棄した税だったのである。
なお、あくまで税として徴収されながらも結局は尾張守元命の懐に入った財としては、以上に見てきた米や絹織物の他、尾張国中から集められた大量の麦や豆があった。

［第十五条］　課税対象ではない作物にも税を課した。

どうやら、尾張国の百姓たちは、稲刈の終わった田地において、麦や豆などの栽培を行っていたらしい。そして、それらの作物には、税がかからないことになっていたのだろう。
しかし、貪欲な元命は、そうした非課税の作物にさえ、徴税の手を延ばした。尾張国の隅々《すみずみ》から、麦や豆をも容赦なく取り立てたのである。
その折、元命が徴収の名目としたのは、「任後の食《にんごじき》」というものであったという。残念ながら、「任後の食」という言葉の意味するところはよくわからない。が、もしかすると、「任後の食」というのは、尾張守としての退職金のようなものだったのかもしれない。
そして、早々と自己の退職金を確保しておくほどに抜け目のなかった尾張守元命は、もちろん、任期中に多量の漆《うるし》をせしめておくことも忘れていなかった。彼の治めた尾張国には、上質の漆を産出することで知られる丹羽《にわ》郡があったのである。

［第十八条］　蔵人所《くろうどどころ》に納めるという名目で例年より多くの漆を取り立てた。

当然のことながら、ここで余計に徴収されたとされる分の漆は、蔵人所に納められることなく、元命の管理する蔵に運ばれたのだろう。

不払いを決め込む受領国司

王朝時代の受領国司は、税として徴収した米を財源として、さまざまな物品の買い上げを行った。というのも、任国にて調達した多様な物品を朝廷に上納することもまた、当時の受領たちが帯びていた重要な任務の一つだったからである。

だが、尾張守藤原元命のような悪徳受領は、そうした公務としての買い上げの際にさえ、私腹を肥やさんとして、あまりにもえげつない不正を働いたのであった。

［第七条］　買い上げの名目で種々の物品を騙《だま》し盗《と》った。

元命が尾張守として尾張国において買い上げたのは、絹織物・麻織物《あさおりもの》・漆・油・苧麻《ちょま》・染料・綿といった品々である。そして、これらの物品を生産して元命に売ったのは、尾張国の百姓たちだったわけだが、その百姓たちの不満は、元命が物品を不当に安く買い上げたことにあった。そうした不公正な買い上げが尾張国の百姓たちにもたらした損失は、絹織物に関してだけでも、数千疋《びき》にも及んでいたという。

こうした悪徳受領による公的な買い上げの最も恐ろしいところは、それが売り手の意思を無視した強制的なものであったところにあった。つまり、買い上げの名目で尾張守元命から絹織物を売るように求められた尾張国の百姓は、どれだけの損失を被ることになろうとも、必ずや元命が購入したがるだけの量の絹織物を売らなければならなかったのである。

それでも、元命から多少なりとも代価を支払われた者は、たとえ原価割れするような価格での売買を強いられていたにしても、まだ幸運であったのかもしれない。というのは、貸しつけというかたちで元命のために絹織物を用立てた百姓の中には、その貸しつけを踏み倒された者もあったからに他ならない。

［第九条］　借り入れの名目で大量の絹織物を騙し盗った。

この絹織物の借り入れに関して、元命が一瞬でも返済の意思を持ったことがあったとは思えない。おそらく、ここでの借財は、当の元命にとって、返済するつもりなど初めからまったくない、事実上の接収だったのだろう。が、彼が借り入れの名目で集めた絹織物の総量は、一二一二疋《ひき》にも及んでいたという。

右の借り入れ額を米で示すならば、元命の採用した絹一疋＝米二・二石という相場に従っても、二六六六石強にもなる。これは、王朝時代の一般労働者にしてみれば、三五〇年分の年収を軽く超えてしまう額である。しかも、ここで絹一疋＝米四・八石という尾張国における本来の公定価格を復活させるならば、同国の百姓たちが回収し損ねた貸しつけは、五八一七石強にもなってしまおう。つまり、尾張守元命が踏み倒した借り入れの総額は、当時の庶民層の人々にとって、八〇〇〇年分ほどもの年収に相当するものだったのである。

ちなみに、こうした不正によって元命のもとに蓄えられた富を都に運び上げたのは、運送業をも営む百姓たちであったが、そうした百姓たちは、ここでもひどい目に遭っていた。

〔第二十二条〕　物品の運送に雇《やと》った人々に不当に安い賃金しか支払わなかった。

どうやら、貪欲な元命は、払うべき運賃の四割弱ほどしか払わなかったらしいのである。

救民策の完全な放棄

さて、尾張守藤原元命が悪辣《あくらつ》な受領国司であったことは、ここまでに見てきたところからも、すでに十分に明らかであろう。しかし、元命の行った悪事を数え上げる「尾張国郡司百姓等解」は、まだまだこれでは終わらない。尾張国の郡司や百姓は、元命による公費横領の数々をも、かなり強い口調で弾劾《だんがい》しているのである。

〔第十条〕　貧民救済に充《あ》てる費用の全てを着服した。

王朝時代において、住む家もなく文字通りに路頭に迷っている貧民たちに救いの手を差し延べることは、朝廷の崇高な義務の一つであった。そして、その義務を地方諸国において代行するべきは、都から下った受領国司たちに他ならなかった。

だが、尾張国の受領となった藤原元命は、朝廷に成り代わって任国の貧民たちを救済する務めを立派に果たすどころか、そのために使われるべき費用の全てを、自身の懐に入れてしまう。この恥も外聞もない行為によって元命が得た不正な利益は、これまでに見てきた悪事の利得と比べて格段に少額の米一五〇石にすぎなかったものの、この程度の額の財を手にするためにも恥を忘れられるところが、元命の最大の強みだったのかもしれない。

そんな恥知らずな元命は、どうかすると尾張国を滅ぼしてしまいかねないようなところでも、平然と公費をくすねていた。

［第十三条］　灌漑《かんがい》施設補修費および災害対策費の全てを着服した。

地方諸国の灌漑施設の補修は、当時、受領国司たちに期待されていた重要な役割の一つであった。また、それは、当の受領たちにとっても、切実な意味を持つ事業であったろう。任国から少しでも多くの利益を上げたかった彼らは、それぞれの任国の農業力を維持あるいは強化するため、ある程度は灌漑施設を整えておかねばならなかったはずなのである。

しかし、王朝時代を代表する悪徳受領として知られる尾張守元命は、灌漑施設補修費および災害対策費として計上されていた六〇〇石余りの米の全てを、何のためらいもなく横領したという。しかも、そうして灌漑施設を補修するという程度の農業振興策さえも放棄しておきながら、すでに見たような苛酷な増税を行っていたのであるから、元命というのは、本当に悪辣な受領国司であったにちがいない。

ちなみに、こうした事情があったにもかかわらず、三ヶ年もの間、尾張国の百姓たちが重税を負担し続けられたのは、「尾張国郡司百姓等解」によれば、同国の郡司および百姓の面々が灌漑施設補修のために私財を投じた結果であったらしい。つまり、尾張守元命は、間接的なかたちで、任国の郡司や百姓から六〇〇石強の財を巻き上げていたのである。

また、元命による災害対策費の着服について付言するならば、寛和二年（九八六）に尾張守に就任した彼は、寛和元年度の国府予算の繰り越し分を横領していたようなのだが、それは、本来、寛和二年度の国府予算に災害対策費として組み込まれるべき財であった。

［第十七条］　寛和元年度の国府予算から繰り越された公費の全てを着服した。

この時期の尾張国で大きな災害が起きなかったのは、実に幸いなことであったろう。

喰い尽くされた公共事業費

尾張守藤原元命が任国において横領した公共事業費は、灌漑施設補修費や災害対策費だけではない。

［第十一条］　公的な連絡網《れんらくもう》を維持するための費用の全てを着服した。

［第十二条］　公有の馬の飼育費および購入費の全てを着服した。

王朝時代の朝廷は、全国に公的な連絡網を張り巡らせるため、地方諸国のそれぞれに幾つかずつの「駅《えき》」と呼ばれる施設を置いていた。そして、朝廷から諸国への命令や諸国から朝廷への報告は、駅から駅へと運ばれるかたちで、ほぼ確実に伝達されていたのである。

この駅の制度においては、馬が重要な役割を果たしていた。すなわち、駅から駅へと公的な情報もしくは公的な情報を携える使者を運んだのは、それぞれの駅に用意されていた多数の馬だったのである。駅ごとに馬を替えながら情報や使者を運ぶというのが、王朝時代の国家的な連絡網としての駅の制度であった。

また、その広域連絡網の結節点であった諸国の駅は、それぞれの国を治める受領国司の責任において維持されることになっていた。つまり、諸国に下った受領は、駅を維持するために、一定の規模の財源を確保しなければならなかったのである。

しかし、尾張守藤原元命の場合、そうしたことに意を砕くことはなく、むしろ、駅のために支出するべき費用を丸ごと自分の懐に入れていたらしい。「尾張国郡司百姓等解」によると、元命が尾張守に在任していた三ヶ年の間、本来ならば、駅そのものの維持のためには米六二四石が支出されねばならず、かつ、駅に常備されるべき馬の維持のためにも三四〇石が支出されねばならなかった。が、その合わせて九六四石の駅関係費は、全て尾張守元命によって横領されてしまっていたのであった。

そして、その尻拭《しりぬぐ》いをさせられたのは、尾張国の郡司たちであったという。すなわち、元命が尾張国を治めていた三ヶ年の間、同国の駅の全ては、同国の郡司たちの私財によって維持されていたのである。したがって、尾張国の郡司たちは、ここにおいてもまた、間接的にながら、元命に九六四石もの富を巻き上げられていたことになろう。

しかも、これと同様の不正は、水上交通網の整備をめぐっても行われていた。

［第十九条］　公的な水上交通網を整備する費用の全てを着服した。

王朝時代に「馬津《うまつ》の渡《わたし》」と呼ばれていたのは、尾張国における木曽川《きそがわ》の渡河《とか》地点であるが、「尾張国郡司百姓等解」の言うところ、そこは、「東海道《とうかいどう》第一の難所」であったらしい。そして、この馬津が公的な連絡や輸送を妨げないようにすることは、尾張国を治める受領国司に課せられた義務の一つであった。つまり、尾張守となった者は、その責任において、馬津に官用の渡船《わたしぶね》を備え続けなければならなかったのである。

ところが、寛和二年（九八六）からの三ヶ年、馬津の渡船を維持する努力をしたのは、馬津の付近に暮らす郡司および百姓であった。そして、それは、尾張守藤原元命が渡船の維持に充てるべき費用をそのまま横領したことの結果に他ならなかった。

罰当たりな横領

ある時期の日本史学界が当然視していた理解によると、王朝貴族社会に極楽往生《ごくらくおうじょう》の思想を定着させたのは、受領になる以上には出世する望みの薄かった中級貴族層の人々であった。つまり、半世紀ほど前の日本史研究者たちの理解するところ、摂関家《せっかんけ》や大臣家《だいじんけ》の生まれではない王朝貴族たちは、阿弥陀如来《あみだにょらい》の導きで極楽浄土に往生することにこそ、人生の意義を見出したはずだったのである。そして、確かに、当時の貴族社会に極楽往生の思想が広まる契機を作ったとされる人物の多くは、受領を経験した中級貴族であった。

とはいえ、王朝時代の中級貴族たちにしても、その全員が極楽浄土《ごくらくじょうど》への往生を何よりも望んでいたというわけではない。例えば、かの尾張守藤原元命などは、極楽往生の思想にのめり込むどころか、わが国の仏法《ぶっぽう》を衰退させてでも私腹を肥やそうとしていたのである。

［第二十四条］　国分尼寺《こくぶんにじ》の再建に充てられるべき費用の全てを着服した。

わが国の地方諸国に国分寺《こくぶんじ》および国分尼寺が置かれたのは、まだ平城京《へいじょうきょう》が都であった奈良時代のことであった。その頃の朝廷は、仏法が日本国からさまざまな災いを遠ざけることを期待したがゆえに、国土の隅々にまで寺院を建立《こんりゅう》したのである。諸国に国分寺や国分尼寺を配置することは、奈良時代における最も重要な公共事業の一つであったと言えよう。

そして、この特別な公共事業は、都が平安京《へいあんきょう》に遷《うつ》った後の時代の朝廷にも引き継がれた。すなわち、わが国の朝廷は、王朝時代においても、地方諸国の国分寺および国分尼寺を維持し続けようとしていたのである。

それゆえ、王朝時代の受領国司たちは、国分寺や国分尼寺を存続させることに意を用いねばならなかった。要するに、国分寺・国分尼寺の修理や改築などは、受領の責任において行われなければならなかったのである。当然のことながら、そのための費用の全ては、受領によって確保されるべきことになっていた。

ところが、尾張国の受領国司となった藤原元命は、任国の国分尼寺が火災によって失われていたにもかかわらず、けっして同寺の再建に必要な費用を支出しようとはしなかった。いや、それどころか、国分尼寺再建費に充てられるべきであった米九〇〇石に相当する財を、悪びれることなく自分のものにしてしまっていたのである。

「尾張国郡司百姓等解」によれば、当時の尾張国では、四天王《してんのう》や十六善神《じゅうろくぜんしん》といった仏法を守護する神々が、国分尼寺の再建を催促するため、幾度か示現《じげん》していたらしい。が、それらの神々の働きかけも、欲に塗《まみ》れた元命の心を動かすことはできなかったのだろう。

また、尾張守元命が横領した仏法のための財は、右に見た国分尼寺再建費ばかりではない。欲望の虜《とりこ》となっていた彼は、尾張国が支出する国分寺・国分尼寺への布施《ふせ》をも、その罰当《ばちあ》たりな懐に入れてしまったのである。

［第二十五条］　国分寺の僧《そう》および国分尼寺の尼《あま》への公的な布施の全てを着服した。

ここで元命が横領したとされる布施の総額は、六〇〇石強にもなったというが、それは、本来、国分寺あるいは国分尼寺において仏法を行う僧尼《そうに》の生活費となるべき財であった。

給料の未払い

こうして多様な名目の公共事業費を着服し尽くした藤原元命であったが、そんな悪徳受領の元命は、大胆にも、彼以外の尾張国司《おわりこくし》たちの給料にまで手を出していた。

［第二十条］　掾《じょう》・目《さかん》・史生《ししょう》などの下級国司の給料の全てを着服した。

よく知られるように、王朝時代に地方諸国を治めた国司というのは、受領になり得た守《かみ》や介《すけ》だけではなかった。諸国の国司としては、長官である守と次官である介との下に、三等官の掾と四等官の目とが置かれていたのである。したがって、藤原元命が尾張守を務めた頃にも、誰かしらが尾張《おわりの》掾《じょう》や尾張目《おわりのさかん》に任命されているはずであった。

また、王朝時代には、各国の史生もまた、国司の一人として扱われていた。この史生というのは、守・介・掾・目の指揮下で文書の作成や管理などにあたった、国府の書記官のような官職である。当然、元命を受領国司として迎えた尾張国にも、史生は置かれていた。

そして、これら掾・目・史生をも含む国司の給料というのは、諸国の国府が行う公的融資の利息を財源として支払われることになっていた。例えば、尾張国の場合、そのために特別に用意された一万石の米が、三割の利率で国内の百姓たちに強制的に貸しつけられ、そうして得られた米三〇〇

○石が、国司たちに分配されることになっていたのである。

ただ、この三〇〇〇石が守・介・掾・目・史生のそれぞれに分配された具体的な額は、そう簡単には算出できない。

当時、守・介・掾・目・史生の給料は、六・四・三・二・一という比率となるように定められていた。つまり、掾の給料は守の給料の半分（六分の三）でなければならず、史生の給料は守の給料の六分の一でなければならなかったのである。だが、しばしば正規の守や介の他に権守《ごんのかみ》や権介《ごんのすけ》が任命されていた当時の事情を考えると、右の比率だけを根拠に三〇〇〇石の十六分の三の額を尾張掾の給料として理解するわけにはいかないだろう。

それでも、尾張守元命が尾張国司たちの給料の財源である米三〇〇〇石の大半を横領していたことだけは確かである。「尾張国郡司百姓等解」の告発からでは、当時の尾張介某《おわりのすけなにがし》に関しては、元命から給料を支払われたのか否かはわからない。が、仮に誰だかわからない尾張介だけは無事に給料を受け取っていたとしても、件の三〇〇〇石のほとんどは、元命の懐に入っていたことになろう。そして、このような横領が、三ヶ年にも渡って繰り返されたのであった。

また、その三ヶ年の間の尾張国では、国司とは見なされない最下級の国府職員たちのささやかな給料までが、悪辣な国守によって掠《かす》め盗られていたらしい。

［第二十一条］　国府に勤務する国司以外の人々の給料の全てを着服した。

なお、「尾張国郡司百姓等解」が国府関係者の給料に関する不正をも糾弾しているのは、右の二ヶ条に見える横領によって損害を被った下級国司や国府職員の多くが、尾張国諸郡の郡司を兼任する人々だったからに他ならない。つまり、ここにおいてもまた、元命によって少なからぬ財を巻き上げられたのは、尾張国の郡司たちだったのである。

受領に仕える野獣たち

ここで大きく話が逸《そ》れるようだが、正暦《しょうりゃく》元年（九九〇）の八月、その春に着任したばかりの筑《ち》前守《ぜんのかみ》藤原知章《ともあき》が辞職を申し出るという出来事があった。もちろん、これは、かなり珍しい事例である。中級貴族であった知章にしてみれば、受領国司の筑前守は、本来、無期限にでも在任したくなるような官職のはずであった。

そして、知章がみずから筑前守を退任したのは、そうせざるを得なかったからなのである。

藤原実資の『小右記』によれば、筑前守を拝命して都を離れた知章は、任地に着いて間もなく、何らかの病気のため、三十余人もの同伴者に死なれてしまっていたらしい。その三十人余りの病没者には、知章の息子の他、大勢の郎等や従者が含まれていたが、王朝時代の受領国司にとっては、都から連れ下った子弟・郎等・従者こそが、任国における悪辣な蓄財活動の実行要員であった。したがって、そうした手下を数多く失ってしまった筑前守知章には、もはや、筑前国《ちくぜん》から富を吸い上げることは不可能であったろうし、また、みずから職を辞して都に帰る以外の選択肢は残されていなかったのだろう。

だが、尾張守藤原元命の場合には、そうした災難に見舞われることはなかった。彼の子弟や郎等や従者は、尾張国の郡司や百姓から財を巻き上げるため、元気に横暴の限りを尽くし続けたのである。

［第十六条］　徴税使が人々に贅沢《ぜいたく》な接待や土産を強要するのを黙認した。
［第二十七条］　子弟や郎等が郡司や百姓から物品を脅《おど》し盗《と》るのを黙認した。
［第二十八条］　息子が馬を持つ人々から私的に不当な税を取り立てるのを黙認した。
［第二十九条］　子弟や郎等が郡司や百姓から私的に不当な税を取り立てるのを黙認した。

尾張守藤原元命の徴税使を務めたのは、当然、元命が都から連れ下った子弟や郎等や従者であった。そして、この連中は、公務にかこつけて頻繁に尾張国内の村々を訪れては、接待や土産などの名目で、郡司や百姓から多くの財を脅し盗っていた。「尾張国郡司百姓等解」によれば、そうして奪われた尾張国の富は、数千石にも及んだらしい。

また、尾張守の威光を振りかざす元命の子弟や郎等は、尾張国の人々のもとに何か欲しいものがあれば、とにかく何でも奪い去ったという。これを、「尾張国郡司百姓等解」は、「民《たみ》の物《もの》を奪《うば》ひては則《すなわ》ち京洛《きょうらく》の家《いえ》に運《はこ》ぶ」と訴え、また、「目《め》に見《み》る好物《こうぶつ》は乞《こ》ひ取《と》らざる莫《な》く、耳《みみ》に聞《き》く珍財《ちんざい》は使《し》を放《はな》ちて誣《し》ひ取《と》る」と弾じる。そして、尾張国の郡司や百姓による元命の手下たちについての総合的な評価は、おおよそ次のようなものであった。

「尾張守殿の子弟や郎等の様子は、辺境に住む野蛮人と異なるところがなく、むしろ、山犬《やまいぬ》や狼《おおかみ》のような野獣《やじゅう》に近いほどです」。

なお、ここで山犬あるいは狼に擬《なぞら》えられた悪人たちの一人は、元命の息子の藤原頼方《よりかた》なのだが、王朝時代の中級貴族層の人々というのは、こうしたかたちの実践の中で悪徳受領としての才覚を養っていったのだろう。頼方の場合には、これより三十年ほどの後、石見守《いわみのかみ》を拝命したとき、かつての尾張国での経験が大きく意味を持ったにちがいない。

隠匿された法令

藤原元命が尾張守の任にあった三ヶ年の間、尾張国の人々が悩まされ続けたことの一つは、あまりにも頻繁に都への物品の移送に駆《か》り出されることであった。

［第二十三条］　物品の運送のために国内の人夫《にんぶ》や荷馬《にうま》を動員することが不当に多かった。

「尾張国郡司百姓等解」によると、尾張守元命に動員された人々は、毎回、一・二石の荷物を運ばされていた。米の重量で考えた場合、当時の一石は現在の六十キログラムに相当するから、一・二石ならば七十キログラムを超えることになる。また、同様にして馬が運ばされたのは、一二〇キログラムを超す二石余りの荷物であったという。そして、尾張国から都までの陸送の旅程は、七ヶ日が目安であったというから、こうした荷役が繰り返されたことによって人も馬も疲弊《ひへい》したというのは、あまりにも当然の結果であった。

しかし、こうしたことについて異議を申し立てようにも、当時の尾張国の郡司や百姓は、容易なことでは尾張守と接触することができなかった。当の元命が滅多に尾張国に滞在していなかったからである。

［第二十六条］　任期の大半を都の自宅で過ごして郡司や百姓から陳情《ちんじょう》の機会を奪った。

もしかすると、任国に居住してみずから悪事の指揮を執《と》っていたというのが、王朝時代の受領国司についての一般的な説明なのかもしれない。そして、確かに、そのような受領も少なくはなかった。が、王朝時代の受領の全てがつねに任国に下っていたわけではない。とくに、都からそう遠くない国々を預かる受領の場合、任国の支配を郎等たちに任せて、自身は多くの時間を住み慣れた都で過ごしていたのであった。われらが尾張守元命は、そうした受領たちの一人に他ならない。

ただし、そんな元命が稀に任地に赴こうとするとなると、それはそれで、尾張国の人々には迷惑な話であった。というのは、京を離れて尾張国へと向かう元命には、必ずや、ろくでもない連中が付き従うことになったからである。

［第三十条］　官人身分の悪人たちを積極的に国内に連れ込んだ。

尾張守元命が下向の折に任国へと連れ込んだのは、位階や官職を持つ官人であり、中級貴族層あるいは下級貴族層に属する人々であった。当然、彼らは、それなりに身元の確かな者たちであったろう。

だが、この連中こそが、尾張守に仕える野獣の如き郎等たちの主力となったのであった。

ちなみに、その頃に布告《ふこく》された法令では、受領が官人身分の者を私的に任国へと連れ下ることは、それ自体として違法な行為であった。が、尾張守元命の場合、このことに関する法令を、尾張国において布告していなかったらしい。すなわち、当該の法令をみずからの手の内で握り潰《つぶ》してしまっていたのである。

［第三十一条］　受領国司には都合の悪い新規の法令を布告しなかった。

しかも、元命が隠匿《いんとく》していた法令は、右に言及したものも含め、全部で六ヶ条もあったという。悪徳受領の元命には、それだけ後ろ暗いところが多かったということなのだろう。

幸運な悪徳受領

さて、以上に「尾張国郡司百姓等解」の内容を少し詳しく見てきたわけだが、これによって明らかになったように、尾張守藤原元命がその任国において犯した罪は、あまりにも大きなものであった。彼の数々の悪行が尾張国にもたらした損失は、経済的なものだけを見ても、十七万数千石にもなっていたのである。それは、王朝時代において、一般労働者の二万数千年分の年収に匹敵する額であった。

そして、国司の権力を振りかざして欲望のままに犯行を重ねた悪徳受領は、永祚元年（九八九）の四月五日、ついに尾張守を罷免されることになる。同日の『小右記』に「元命朝臣《もとながあそん》は百姓《ひゃくしょう》の愁《うれ》ふるに依《よ》りて任《にん》を停《と》む」と見える如く、これに先立って「尾張国郡司百姓等解」を受理していた朝廷が、藤原元命から尾張守の官職を取り上げたのである。

しかし、三ヶ年にも渡って尾張国の人々をさんざんに苦しめておきながらも、ただたんに受領国司の地位を失うだけですんだのであるから、藤原元命という悪徳受領は、かなりの強運に恵まれていたのかもしれない。

右に見た『小右記』の一節に明らかなように、元命を失職に追い込んだのは、「尾張国郡司百姓等解」あるいは「尾張国解文」として知られる一通の文書であった。朝廷に元命の更迭《こうてつ》を決断させたのは、この嘆願書もしくは告発状だったのである。そして、件の「尾張国郡司百姓等解」を朝廷に提出したのは、当然のことながら、尾張国に暮らす郡司たちや百姓たちであった。

とすると、悪徳受領ぶりを遺憾《いかん》なく発揮した尾張守藤原元命は、尾張国に地盤を持つ豪族たちから、ひどく憎まれていたということになろう。そう、元命の更迭を願って「尾張国郡司百姓等解」を作成した尾張国の郡司たちや百姓たちというのは、要するに、同国に根を張る新旧の豪族たちだったのである。

このことからすれば、現実には罷免されるだけですんだ尾張守元命も、ことによっては、任国の豪族たちの手により、酷《むご》たらしく血祭《ちまつ》りに上げられていたかもしれないのではないだろうか。

すでに幾つかの事例を紹介したように、受領国司たちが任国の軍事貴族や豪族に生命を狙われるというのは、王朝時代において、まったく珍しいことではなかった。当時の地方諸国では、幾人もの受領たちが、殺されたり殺されかけたりしていたのである。したがって、尾張国の豪族たちから激しく憎まれていた尾張守元命ならば、彼に恨みを持つ豪族たちに襲撃されて血塗《ちまみ》れの最期を迎えていたとしても、それは、実に似つかわしいことであろう。

いずれにせよ、尾張守藤原元命が任国の豪族たちを敵に回していたことは間違いないわけだが、尾張国の豪族たちが元命を憎むことになった事情は、「尾張国郡司百姓等解」の一条一条が教えてくれる通りであった。そして、そうした事情の多くは、王朝時代の地方諸国において軍事貴族や豪族が受領国司の襲撃を企てた事情と、少なくとも部分的には一致していたはずである。

3　告発者の親兄弟を皆殺しにする

新任の尾張守

尾張《おわり》国の豪族たちが「尾張国郡司百姓等解《おわりのくにぐんじひゃくしょうらげ》」を通じて朝廷に強く求めたのは、要するに、悪徳受領《ずりょう》の罷免《ひめん》であった。そして、この国司更迭《こうてつ》の請願は、あっさりと聞き届けられるところとなった。すなわち、「尾張国郡司百姓等解」によって尾張守藤原元命《おわりのかみふじわらのもとなが》の度を越した悪辣《あくらつ》さを知った朝廷が、永祚《えいそ》元年（九八九）の四月五日、元命に代わる新たな尾張守を任命したのである。これによって元命が完全に失職したことは、言うまでもないだろう。

そして、尾張国の豪族たちは、藤原元命の追放を成し遂げた後、その成功に味をしめてか、朝廷に受領国司の解任を要求することを繰り返すようになる。例えば、藤原道長《みちなが》の『御堂関白記《みどうかんぱくき》』から知られるだけでも、寛弘《かんこう》五年（一〇〇八）の二月には、尾張守藤原中清《なかきよ》が「尾張国《おわりのくに》の郡司《ぐんじ》・百《ひゃく》姓《しょう》の国司《こくし》を愁《うれ》ふ」という目に遭《あ》っており、また、長和《ちょうわ》五年（一〇一六）の八月には、尾張守藤原経国《つねくに》が「尾張国《おわりのくに》の郡司《ぐんじ》・百姓《ひゃくしょう》等《ら》の参上《さんじょう》して守《かみ》経国《つねくに》に堪《た》へ難《がた》しの文《ふみ》を愁《うれ》ふ」という状況に置かれたのであった。

しかも、こうした尾張国の豪族たちの運動は、確かな成果を上げていた。例えば、右の中清の事例については、その顚末《てんまつ》を確認し得ないものの、もう一つの経国の事例に関しては、朝廷が尾張国からの圧力に屈して経国を罷免したことがうかがわれるのである。寛仁《かんにん》元年（一〇一七）五月二十五日の『御堂関白記』には、「尾張前守経国《おわりのぜんしゅつねくに》の病《やまい》に依《よ》りて出家《しゅっけ》すと云々《うんぬん》」との一文が見えるが、ここに経国が前尾張守（尾張前守）として登場するのは、その前年、尾張国の豪族たちが朝廷に突きつけた要求が実現していたからに他なるまい。

ところが、現存する史料に見る限り、藤原元命の後任の尾張守については、朝廷によって罷免されたという事実もなければ、尾張国の豪族たちから退任を要求されたという事実もない。どうやら、元命の次の尾張守は、その任を無事に務めおおせたようなのである。

そして、その藤原元命の後任の尾張守というのは、藤原実資《さねすけ》の『小右記《しょうゆうき》』によれば、前筑後守《ちくごのかみ》の藤原文信《のりあきら》であった。天元《てんげん》五年（九八二）二月二十五日の『小右記』に「筑後守文信《ちくごのかみのりあきら》」として登場する文信は、元命から尾張守の任を引き継ぐ以前、すでに受領国司を経験していたわけだが、そんな彼ならば、任国における受領としての賢い身の処し方を、十分に――少なくとも元命が心得ていた以上には――心得ていたのかもしれない。

だが、この事実は、文信が善良な受領国司であったことを示すとは限らない。また、尾張国の豪族たちが文信に好感を抱いていたことを示すとも限らない。任国の豪族たちから明白なかたちで拒絶されることのなかった尾張守文信は、ことによると、尾張国の郡司や百姓にとって、現に彼らの働きかけによって尾張守の職を追われた元命や経国などよりも、はるかに厄介な受領だったかもしれないのである。もしかすると、文信というのは、地方豪族などではまったく手も足も出ないほど、飛び抜けて凶悪な受領だったのではないだろうか。

というのも、この藤原文信という中級貴族には、恐ろしい前科があったからに他ならない。実は、かつて筑後守の任にあった頃の文信は、自身に不都合な筑後国の住人を抹殺《まっさつ》しようとしたうえ、その筑後国人の親兄弟を皆殺しにしていたのである。

御嶽詣の道中を狙われた前筑後守

朝廷が藤原文信を尾張守に任命したのは、永祚元年四月五日のことであったが、その直前となる同月一日、当の文信が暴漢に襲われて頭部に傷を負うという事件が起きていた。

『小右記』によれば、その現場となったのは、都から離れた朴尾という土地であった。この朴尾についての詳細は不明だが、おそらく、それは、大和《やまと》国吉野《よしの》郡に位置した金峰山《きんぶせん》から平安京へと至る道筋のいずこかであったろう。藤原実資が『小右記』に記したところによると、襲撃を受けた折の文信は、金峰山に参詣した帰りの旅路にあったのである。

都から見て南の方角に位置した金峰山を、王朝時代の貴族層の人々は「南山《なんざん》」とも呼んでいたが、王朝貴族にとっての南山＝金峰山は、はるかな未来に弥勒菩薩《みろくぼさつ》（弥勒如来《みろくにょらい》）が衆生済度《しゅじょうさいど》のために訪れるはずの浄土であり、弥勒の化身である金剛蔵王権現《こんごうざおうごんげん》の霊験《れいげん》で知られる霊山であった。そして、その金峰山への参詣は、王朝貴族によって「御嶽詣《みたけもうで》」と呼ばれたが、これは、王朝貴族の多くにとって、一度はしてみたいことの一つであった。

金峰山と平安京

ただ、御嶽詣を実現するとなると、かなりたいへんな思いをしなければならなかった。

というのは、まず第一に、金峰山という聖地に立ち入る資格を得るため、数十日もの時間を費やす長期の潔斎《けっさい》によって徹底的に身を浄めなければならなかったからである。例えば、寛弘四年（一〇〇七）の八月二日に御嶽詣に出発した藤原道長などは、『御堂関白記』によれば、それに先立つ閏《うるう》五月十七日より、七十五日間にも渡る潔斎生活を送っていた。

また、清少納言《せいしょうなごん》の『枕草子《まくらのそうし》』によると、そうした潔斎を行っているうちから「詣《もう》づるほどのありさま、いかならん」――「御嶽詣の旅路の実際は、どれほど厳しいのだろうか」と心配になるほど、金峰山への道中は厳しいものだったようである。八月十四日に帰洛した藤原道長の御嶽詣は、十二泊十三日の旅であったが、半月近くも仮宿しながら移動し続ける日々を送るというのは、王朝貴族にとって、かなりしんどいことであったろう。

そして、そんな御嶽詣に惹《ひ》かれた王朝貴族たちは、どうやら、諸々の願いが金峰山の霊験によって成就すると、強く信じていたらしい。例えば、藤原道長の場合、三ヶ月近くもの月日を費やしてまで御嶽詣を実現したのは、娘の中宮《ちゅうぐう》藤原彰子《あきこ》が一日も早く一条《いちじょう》天皇の皇子を産むことを切望していたからだったのである。また、『枕草子』の伝えるところ、紫式部《むらさきしきぶ》の夫として知られる藤原宣《のぶ》孝《たか》などは、金峰山に参詣して間もなく、折よく空席になった筑前守《ちくぜんのかみ》に任命されると、それを御嶽詣の霊験として周囲に喧伝《けんでん》したのであった。

とすれば、藤原文信が金峰山に参詣したのも、尾張守の拝命を願ってのことであったかもしれない。もちろん、この御嶽詣のために文信が潔斎をはじめたときには、まだ藤原元命は尾張守を罷免されていなかったはずである。だが、「尾張国郡司百姓等解」が永延《えいえん》二年（九八八）十一月八日の日付を持つことからすれば、この嘆願書もしくは告発状に関する情報を早くに把《つか》んだ文信が、元命の解任を見越して永延二年の終わり頃から御嶽詣のための潔斎をはじめていたということも、十分にあり得るだろう。そもそも、王朝時代の受領たちというのは、それくらいには目端《めはし》が利《き》く連中だったのではないだろうか。

「疵は殊に痛むべきにはあらず」

だが、そうした先読みに長《た》けていた前筑後守藤原文信も、御嶽詣の帰りに暴漢に襲われることになろうとは、夢にも思っていなかったことだろう。彼が尾張守への就任を願って企てた金峰山への参詣は、結果として、藤原文信という中級貴族に、望み通りの官途《かんと》を与えるとともに、予想外の災《さい》禍《か》をもたらしたのである。

この事件について、前筑後守文信が尾張守に任命された永祚元年四月五日の『小右記』には、次のような記述が見える。

「尾張守に任命された藤原文信は、先月から金峰山に参詣していたが、今月の一日、都に戻る途中の朴尾において、敵のふるう刀剣によって身体の二ヶ所に傷を負った。しかし、生命に関わるほどのことにはならなかった」。

ここに提示された情報を信じるならば、文信が負った傷は、それほど深刻なものではなかったことになる。そして、そのことを貴族社会の人々に対して強く主張したのは、おそらく、文信自身であったろう。というのは、現に傷を負っていた文信は、そうでもしなければ、再び受領国司に就任する機会を逸《いっ》してしまいかねなかったからである。もし、そのとき、文信が重傷を負っていたならば、かつ、そのことが朝廷の人事に関わる人々の耳に入っていたならば、文信を尾張守に任命する人事は、実現しなかったのではないだろうか。

実際のところ、文信の傷が重いものではなかったという情報には、疑わしい点がないでもない。次に引くのは、永祚元年四月四日の『小右記』であるが、ここに明らかなように、同月一日に暴漢に襲われた文信は、その三日後にも、まだ帰宅していなかったのである。

「金峰山から都への帰途にあった藤原文信が、朴尾にて刀剣を手にした敵に襲われ、頭部を傷つけられたらしい。そこで、使者を文信の居宅に送って具合を尋ねさせたものの、まだ文信は都には戻っていないとのことであった。どうやら、文信が襲われたというのは、事実であるようだ。しかしながら、文信が負った傷は、そう重いものではないらしい」。

王朝貴族の御嶽詣においては、普通、往路にはみずからの足で歩《あゆ》んだのに対して、復路には馬に乗るものであった。例えば、寛弘四年八月に御嶽詣を行った藤原道長が、帰路には馬を使って足かけ四日間で都に戻ったことは、当時の『御堂関白記』に明らかである。

とすれば、永祚元年三月に御嶽詣に出た藤原文信も、四月一日にはすでに帰途にあったわけだから、その三日後の同月四日には、もう都の自宅に到着していてもよさそうなものであろう。途中で襲撃事件に遭遇したにしても、さほどの傷を負うことはなかったのだとすれば、それは、けっして無理な話ではあるまい。

だが、文信の身を案じる藤原実資がようやく文信の帰洛を確かめ得たのは、四月七日になってからであった。その日、再び文信のもとに見舞いの使者を送った実資は、文信より「疵《きず》は殊《こと》に痛《いた》むべきにはあらず」との返事を得て、初めて安心することができたのである。

やはり、周囲には「疵は殊に痛むべきにはあらず」などと吹聴しながらも、このときの文信は、けっして浅くはない傷を負っていたのではないだろうか。

暴露された旧悪

しかも、王朝貴族としての藤原文信は、御嶽詣の道中で彼を襲った暴漢により、その身体に浅からぬ傷を残されただけではなく、その評判にまで隠しようのない大きな傷を刻まれてしまったことだろう。というのも、問題の襲撃事件が、結果として、筑後守であった頃の文信が冷酷無比な悪徳受領であったことを、貴族社会の人々に強く印象づけることになったと考えられるからである。

藤原文信襲撃事件の犯人は、文信に傷を追わせた後、大和国に隣接する伊賀《いが》国に逃亡していたらしい。というのは、その犯人を捕らえたのが、伊賀国の追捕使《ついぶし》だったからである。王朝時代の朝廷は、地方諸国の軍事貴族や武芸に秀でた豪族に警察権を与え、これを「押領使《おうりようし》」あるいは「追捕使」と呼んだが、諸国の押領使や追捕使がその警察権を問題なく行使し得たのは、普通、自身の住む国の内においてであったろうから、伊賀国の追捕使に逮捕された犯罪者については、やはり、伊賀国に逃げ込んでいたと見るのが適当であろう。

また、そうして拘束された文信襲撃犯は、遅くとも永祚元年四月六日までには、都から派遣された検非違使《けびいし》に引き渡されていたらしい。検非違使が当時において最も権威の高い警察機関であったことは、すでに周知のことであろうが、ここで検非違使が文信襲撃事件の犯人の身柄を引き取ったのは、彼が貴族の身に害を及ぼした犯罪者だったためである。

そして、永祚元年四月六日の『小右記』には、次のような記述が残されることになった。

「藤原文信を負傷させた安倍正国《あべのまさくに》が、伊賀国の以忠《もちただ》という名前の追捕使によって捕獲されたらしい。そこで、検非違使の右衛門尉《うえもんのじよう》藤原惟風《これかぜ》が、伊賀国追捕使以忠から正国の身柄を引き取ったところ、件《くだん》の正国は、両手の指を切断されたうえ、脚《あし》をへし折られていたらしい。また、その文信襲撃事件の犯人と見られる男は、鎮西《ちんぜい》において文信に父母・兄弟・姉妹を殺されたことから、その報復をしようと、文信が隙《すき》を見せるのを待っていたらしい」。

これによれば、安倍正国というのが、文信襲撃事件の犯人の氏名であった。また、その正国を伊賀国において逮捕した同国の追捕使については、その氏が伝わらず、以忠という名のみが都の人々に知られることとなったようだが、この以忠から正国の身柄を引き渡された検非違使は、右衛門尉の官職を帯びる藤原惟風という人物であったという。

そして、こうして検非違使が安倍正国の身柄を確保したことで都の人々の前に明らかにされたところによれば、前筑後守藤原文信が正国に生命を狙われねばならなかったのは、かつて文信が正国の家族を殺害していたためであった。検非違使が正国の口より「鎮西において文信に父母・兄弟・姉妹を殺された」との供述を引き出したことから見て、また、正国がたった一人で家族の仇《かたき》を討とうとしていたらしいことから見て、筑後守であった頃の文信は、その任国において、正国の家族を皆殺しにしていたにちがいない。

当然、このような刺激的な情報は、瞬く間に貴族社会を駆け巡ったことだろう。そして、それまでは暴漢の凶刃によって負傷したとして周囲の同情を集めていた文信も、襲撃事件の背景が明らかになるや、急速に冷たい視線を浴びるようになったのではないだろうか。

消えない憎しみ

藤原文信という中級貴族が朝廷より筑後守に任命されたのは、天元《てんげん》四年（九八一）の十月十七日のことであった。王朝時代の受領国司というのは、普通、いずれかの年の正月に任命され、その四年後の正月までを任期とするものであったから、文信の筑後守拝命は、何とも半端な時期の人事であったことになる。おそらく、文信が筑後守に就任したのは、急に辞任もしくは死亡した前任者の欠《けつ》を埋めるかたちでのことだったのだろう。

そして、文信の筑後守の任期は、本来、天元四年正月の四年後の正月までとなるはずであった。文信が受領としてその任国から富を吸い上げ得る期間は、正規のかたちで正月に任命された受領の場合に比して、ほとんど一年間も短くなってしまうはずだったのである。

だが、これに納得できなかった文信は、彼の筑後守としての任期を天元五年正月からの四年間とするよう、文書を通じて朝廷に願い出たのであった。そうして少しでも長く受領国司の任にあり続けようとするのは、当時の中級貴族層の人々にとって、あまりにも当たり前のことであったろう。そして、『小右記』によれば、文信から上げられた申請が朝廷において検討されたのは、天元五年の二月二十五日のことであったが、この新任の筑後守の切実な願いは、すんなりと承認されたものと思われる。

とすれば、筑後国の住人であったらしい安倍正国が、藤原文信に両親や兄弟や姉妹を殺されたのは、天元四年の冬から寛和《かんな》二年（九八六）の春までの期間のどこかにおいてであったことになろう。天元四年冬に筑後守を拝命した文信が受領国司として筑後国において気ままに暴力を行使し得たのは、寛和二年春までのことだったはずなのである。

ただ、そう考えると、件の正国は、その家族を皆殺しにした文信への報復を実行するまでに、ずいぶんと多くの歳月を要したことになろう。仮に文信が正国の家族を殺害したのが寛和二年の正月であったとして、それから三年余りも経った永祚元年（九八九）の四月になるまで、正国が文信に危害を加えることは、まったくなかったようなのである。もしかすると、文信の側では、例の御嶽詣に出た頃には、今になって正国に復讐されようなどとは、みじんも考えていなかったのではないだろうか。

しかし、両親・兄弟・姉妹を殺害されて以来、正国が文信に対する憎しみの炎を絶やすことはなかったのだろう。『小右記』の伝えるところ、文信襲撃犯として検非違使の尋問を受けた正国は、「報復をしようと、文信が隙を見せるのを待っていた」と供述しているが、これによれば、どうにかして家族の仇を討ちたかった正国は、少なく見積もっても三年余りとなる時間を、文信が無防備になる機会を見出すことに費やしていたのである。

とはいえ、それまで筑後国に暮らしていた正国にとって、都に上って文信の動向を探り続けるというのは、けっして容易なことではなかっただろう。そもそも、平安京に生活の基盤を持っていたはずのない彼は、文信に復讐の刃を向けるまでの間、どうやって食いつないでいたのだろうか。これによると、上洛して以来の正国の暮らしぶりは、芥川龍之介《あくたがわりゅうのすけ》が『羅生門《らしょうもん》』の主人公とした「下人《げにん》」のそれと同様であったかもしれない。

盗人の口を封じた伯耆守

『羅生門』の下人というのは、要するに、名もない盗人《ぬすっと》である。そして、その彼が「盗人になるより外《ほか》にしかたがない」と腹を決めたのは、平安京の正門として知られる羅生門（羅城門《らじょうもん》）においてであった。「手段を選んでいる遑《いとま》はない。選んでいれば、築土《ついぢ》の下か、道ばたの土の上で、飢死《うえじに》をするばかりである」――すっかり食い詰めていた下人は、羅生門の下にたたずみ、こんなことを幾度も自分に言い聞かせたのだという。

そして、家族の仇を討ちたい一心で上京した安倍正国も、ほどなく『羅生門』の下人と同じ選択をしたのではないだろうか。いや、都に縁故を持たない正国には、盗人に身をやつす以外、三年間も前筑後守藤原文信の動向をうかがい続ける方法はなかったにちがいない。

ただ、正国の盗人としての経歴が、筑後国で平穏に暮らしていた頃からのものであったならば、あるいは、そのことこそが、彼の家族に悲惨な最期《さいご》をもたらしたのかもしれない。

王朝時代の人物と思《おぼ》しき橘経国《たちばなのつねくに》は、伯耆守《ほうきのかみ》の任にあった頃、国府《こくふ》の倉庫に忍び込んだ盗人を、捕らえた途端に処刑したことがあった。その盗人は、四十歳ほどの男であったが、身形《みなり》もよく肌の色も白かったというから、おそらくは、伯耆国に地盤を持つ新旧の豪族たちの一人だったのだろう。そして、そんな人物が盗みなどに手を染めたのは、折からの飢饉《ききん》のため、食べるものがまったく手に入らなかったからであったという。

この話を現代に伝えるのは、芥川に『羅生門』の素材を提供したことで知られる『今昔物語集《こんじゃくものがたりしゅう》』という説話集である。右に紹介したのは、『今昔物語集』巻第二十九第十の「伯耆《ほうき》の国府《こくふ》の蔵《くら》に入《い》りたる盗人《ぬすびと》の殺《ころ》さるる語《こと》」という話の要旨に他ならない。

しかし、王朝時代のこととはいえ、ただの盗人が死刑に処されるというのは、尋常なことではない。そもそも、当時の朝廷の法に従えば、わが国の臣民を死刑に処し得たのは、日本国の主である天皇だけであり、天皇の名代《みょうだい》として諸国を治めるにすぎない受領たちは、その任国の住人に対してさえ、独自の判断で死刑を科してはならないはずであった。

それにもかかわらず、伯耆守経国が盗人の処刑を強行したのは、『今昔物語集』によれば、「後《のち》の聞《き》こえも有《あ》り」という事情を鑑《かんが》みてのことであったらしい。つまり、同様の犯罪の再発を防ぐため、敢えて盗みの罪を犯した程度の罪人に死刑を科したというのである。

だが、『今昔物語集』が語るのは、経国の本音ではあるまい。

というのは、伯耆国府の倉庫に忍び込んだ盗人が、そこには何もないことを目撃していたからである。これは、『今昔物語集』も認める事実であるが、国府の倉庫が空になっていたというのは、受領国司が国府の財を横領していたことの動かぬ証拠であろう。そして、そんな重大な証拠を握ってしまった盗人を、悪徳受領が放置するはずはなかったのである。

当然、筑後守藤原文信も、国府の倉庫に入った盗人を生かしてはおけなかっただろう。また、その盗人が倉庫の中で見たことを彼の家族に話したとすれば、盗人本人のみならず、その家族までもが、文信に生命を狙われることになったにちがいない。そして、安倍正国の家族が皆殺しにされた理由は、もしかすると、こんなところにあったのかもしれない。

殺人を隠蔽する常陸介

ところで、王朝時代において、受領国司が任国の住人を殺害するというのは、少しも珍しいことではなかった。いや、むしろ、当時の受領たちについては、殺人の常習犯であったと見ておいた方がいいようにさえ思われる。

しかも、自分の犯した殺人の罪を姑息《こそく》に隠蔽《いんぺい》しようとするのが、王朝時代の受領たちの常であった。

常陸《ひたち》国において同国に住む公侯有常《きみこのありつね》が殺害されたのは、万寿《まんじゅ》元年（一〇二四）のことである。そして、その頃に常陸介《ひたちのすけ》として常陸国の受領国司であった平維衡《たいらのこれひら》が朝廷に報告したところによると、有常の生命を奪ったのは、常陸国住人の公侯常材《つねもと》であった。

ここに登場する公侯有常と公侯常材とは、それぞれの氏名から推測されるように、おそらく、かなり近い親類であったろう。維衡から朝廷に上げられた報告には、両人の関係を示す文言はなかったようだが、同じ氏を持つうえに名の中に「常」の字を共有する二人は、親子や兄弟ではなくとも、伯叔父《おじ》—甥《おい》ほどの関係にはあったのではないだろうか。

しかし、常陸介維衡によれば、そんな二人の間で起きてしまったのは、あろうことか、生命のやり取りであった。つまり、万寿元年に常陸国で起きた殺人事件は、同国の責任者として事件の捜査を指揮した維衡の言うところ、親類間のいざこざが激化した末の悲劇だったのである。

また、この殺人事件の犯人が常材であることを証言したのは、かねてより常材をよく見知っていたはずの女性であったという。すなわち、犯人断定の決め手となる証言をしたのは、有常の妻だったのである。この事件は、常陸介維衡の把握する限り、あくまで公侯氏の親族間の問題に根ざしたものであった。

だが、万寿二年の三月、常陸介の任期を終えた平維衡が後任者への国務の引き継ぎの準備を進めていたであろう頃、都の貴族社会の人々は、右の殺人事件に関して、それまでに得ていたのとはまったく異なる情報を与えられることになる。

そして、それは、同月二十六日の『小右記』から知られるように、前年より公侯有常殺害事件の犯人と見なされていた公侯常材が、みずから朝廷に出頭したうえで、有常の最期について「国司《こくし》の為《ため》に殺《ころ》さる」と証言したためであった。この時点でも常材が自由の身であったことには、少なからず驚かされるかもしれないが、しかし、さらに驚くべきことに、みずからが捕縛される危険をも顧みずに上京した常材は、かつて彼を親類殺しの凶悪犯罪者として弾じた前常陸介平維衡こそを、有常殺害事件の真犯人として告発したのであった。

しかも、結論から言えば、有常殺害事件に関する事実は、常材が捨て身で告発した通りであった。すなわち、同年七月二十一日の『小右記』によると、維衡の後任の常陸介となった藤原信通《のぶみち》が、朝廷の指示に従って事件の捜査をやり直したところ、かつて犯人断定の決め手とされた被害者の妻の証言は、維衡によって捏造《ねつぞう》されたものだったのであり、また、そうして常材を殺人犯に仕立て上げた維衡こそが、有常殺害の真犯人だったのである。

相撲人殺害の動機

こうして常陸介平維衡によって殺害されたことが判明した公侯有常という人物は、実は、常陸国の相撲人《すまいにん》であった。

王朝時代の朝廷では、毎年の七月、「相撲節会《すまいのせちえ》」と呼ばれる行事が催されていた。その起源については、これまでに多くの仮説が提出されてきたが、いずれにせよ、王朝時代の相撲節会については、天皇の御前で「相撲《すまい》」と呼ばれる格闘技が行われたことこそを、その中核と見ていいだろう。

ただし、王朝貴族が「相撲」と称した格闘技は、われわれ現代人が知る相撲に比べて、ずいぶんと荒っぽい。その名称からもうかがわれるように、往古の相撲というのは、互いに殴《なぐ》り合うことを

取り組みの支度をする相撲人（『古画類聚』より）

眼目としていたのである。当然、かつての相撲にともなった危険は、今の相撲が抱えるそれよりも、はるかに大きなものであったろう。

そして、それにもかかわらず、毎年の相撲節会のため、地方諸国から都へと召集されたのが、「相撲人」あるいは「相撲」と呼ばれた人々である。もちろん、危険な格闘技の競技者として上京する彼らは、それぞれの郷土を代表する剛《ごう》の者たちであり、いずれ劣らぬ屈強な男たちであったろう。また、そんな彼らにしてみれば、「〇〇国の相撲人」の称を与えられて毎年の相撲節会に召されることは、大きな名誉であったにちがいない。

さらに、地方在住の剛の者であった彼らは、朝廷によって相撲人に選ばれる以前から、地域の豪族として知られた存在であったものと思われる。つまり、王朝時代の朝廷が相撲節会に駆《か》り出した相撲人たちは、特別に腕《うで》っ節《ぶし》の強い豪族たちだったのである。

そのような王朝時代の相撲人として、一条天皇の時代から後一条《ごいちじょう》天皇の時代にかけて活躍した公侯常時《つねとき》は、かなりの逸材《いつざい》であったらしい。彼についての最初の記録は、書家として有名な権大《ごんのだい》納言《なごん》藤原行成《ゆきなり》の日記である『権記《ごんき》』の正暦《しょうりゃく》四年（九九三）七月二十八日の記事であり、また、彼に関する最後の記録は、寛仁三年（一〇一九）七月二十七日の『小右記』であるが、その頃の幾つかの記録に見える常時は、いつも周囲から多大な期待を寄せられる相撲人なのである。さらに、平安時代の貴族社会についての百科全書として知られる『二中歴《にちゅうれき》』によれば、公侯常時という相撲人は、後世に語り伝えられるべき二十六人の相撲人たちの一人であった。

公侯氏略系図

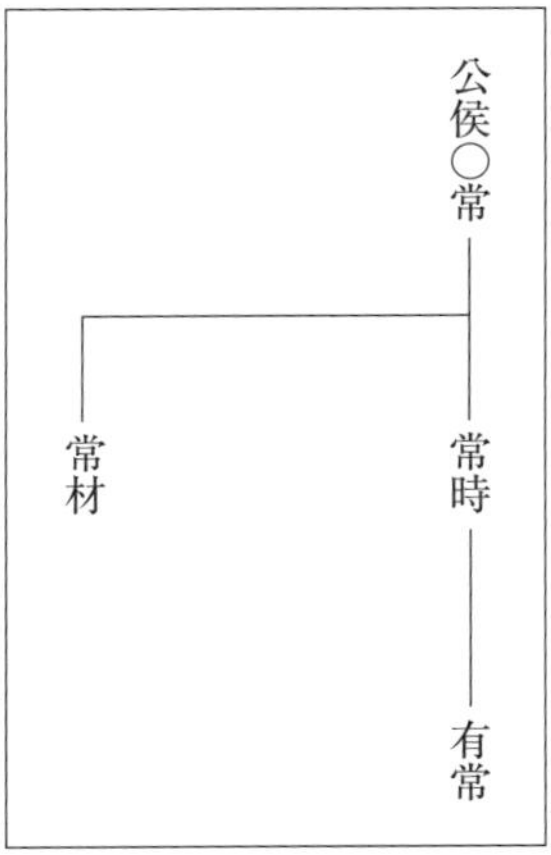

そして、このように相撲人として有名であった公侯常時は、おそらく、常陸介平維衡のために殺人事件に巻き込まれた公侯有常および公侯常材の縁者であったろう。このことは、彼らの氏と名とから容易に類推されようが、有常や常材が常時と同じ相撲人だったことも、この推測の有力な証左となろう。問題の殺人事件の顚末を伝える

『小右記』によれば、有常と常材とは、疑う余地もなく、常陸国の相撲人だったのである。

とすると、常陸介維衡に殺された公侯有常は、常陸国の豪族であったことになるわけだが、地方豪族が受領国司に殺害されなければならなかったのは、やはり、その立場上、何かと受領が不正を働いていることを見抜きやすかったからであろうか。あるいは、そうして見抜いた不正を朝廷に告発しかねなかったからであろうか。

口封じを目論む悪徳受領

地方諸国の国府に勤める下級事務職員として「書生《しょせい》」と呼ばれた人々も、その本来の姿は、それぞれの国に根づいた豪族であった。それゆえ、任国の豪族たちから富を吸い上げようとする悪徳受領にしてみれば、公式には彼の下僚ということになっている書生たちも、けっして信頼できる部下などではあり得なかっただろう。いや、それどころか、現に国府の事務処理に携わっていた如《ごと》くに読み書きに長じていた書生たちは、いつ受領国司の不正を告発しないとも限らない、どうにも厄介な存在であったにちがいない。

一方、その書生たちの側でも、任国で蓄財に励むことしか考えていない悪徳受領に対しては、けっして気を許すわけにはいかなかったはずである。とくに、何らかの事情で受領国司の不正行為に手を貸してしまった書生ともなれば、不正の露見を未然に防ごうとする悪辣《あくらつ》な上司に消されてしまわないよう、つねに警戒していなければならなかったことだろう。

そして、実際のところ、日向国《ひゅうが》の国府に勤務していた一人の書生が、若くして生命を落とさねばならなかったのは、強いられてのこととはいえ、悪徳受領である日向守《ひゅうがのかみ》の不正の片棒を担いでしまったがゆえのことであった。

その日向守某《なにがし》が手を染めていた不正の多くは、おそらく、「尾張国郡司百姓等解」が弾劾する違法行為や脱法行為と同じものであったろう。すなわち、問題の日向守もまた、尾張守藤原元命と同様、さまざまな機会に不当課税・不当徴税・恐喝《きょうかつ》・詐欺《さぎ》・公費横領といった悪事を働き、郡司や百姓として任国に暮らす豪族たちから、多くの財を巻き上げていたと考えられるのである。

それにもかかわらず、この日向守の場合、受領国司としての任期を全うすることができたわけだが、任期満了を迎えた日向守某は、後任者の下向を待つ間、それまでに多くの不正が行われてきた痕跡を消し去ることに余念がなかった。すなわち、自身の行った不正が次の日向守によって暴かれることのないよう、何か辻褄《つじつま》の合わないところのある書類を徹底的に洗い出し、それらを全て整合性のあるものへと書き直していったのである。当然、それは、かなり根気の要《い》る作業であったろう。

そして、この困難な隠蔽作業のために重用されたのが、かねてより日向国府に出仕していた一人の書生であった。機転が利くうえに字も上手かったという彼は、国府の一室に監禁され、二十日ほどもの間、書類を改竄《かいざん》する作業を続けさせられたのである。

もちろん、切れ者であった書生は、自身が悪事に関与していることに気づいていた。が、日向守某の従者たちに厳しく監視されていたため、逃亡することもかなわず、命じられるままに偽装書類の作成を続けるしかなかったという。

しかも、こうして意に反して不正行為に荷担することになった書生は、その役割を終えるや、彼に不正への関与を強いた悪徳受領の勝手な都合により、あっさりと殺されてしまう。『今昔物語集』巻第二十九第二十六の「日向守《ひゅうがのかみ》□□□□の書生《しょせい》を殺《ころ》す語《こと》」という話によれば、書類の改竄を完了した日のうちに、日向守某の郎等《ろうとう》に射殺《いころ》されたのであった。

日向守の目こぼし

右に紹介したのは、『今昔物語集』という説話集によって伝えられた事件であり、したがって、これが王朝時代に現実に起きた出来事であるかどうかは、保証の限りではない。が、右の「日向守□□□□の書生を殺す語」という話に濃厚な現実味が感じられるのは、その主人公である悪徳受領の氏名が完全に伏せられているからである。日向守某が私利私欲のためにまったく非のない書生の生命を奪ったというのが、正真正銘の史実であったとすれば、やはり、『今昔物語集』の編者としては、「日向守□□□□」の氏名を明かすわけにはいかなかったにちがいない。

また、右の説話においては、気の毒な書生の氏名も明らかにされていないが、これもまた、『今昔物語集』の編者が日向守某の立場に配慮した結果であろう。貴族社会の一員であったと考えられる『今昔物語集』の編者は、基本的に、「日向守□□□□」の悪行を後世に語り伝えたいと思ってはいても、それによって日向守某や彼の縁者たちの面子《メンツ》を潰《つぶ》すようなことはしたくなかったのではないだろうか。

こうして生命だけではなく名前をも奪われた書生は、あまりにも不幸な人物であったが、そんな書生にとってのせめてもの救いは、あの残酷な日向守が書生の家族にはまったく手を出さなかったことである。

『今昔物語集』によれば、この書生には、妻子があるとともに、八十歳にもなる年老いた母親があった。そして、国府にて日向守の郎等に身柄を拘束された書生は、もう助かる道はないものと即座に覚悟を決めつつも、老母に先立つことを悔やまずにはいられなかったという。孝行息子であった彼には、そう長くはないであろう母親の老い先が、どうにも気がかりでならなかったのである。

ただ、不幸中の幸いというべきか、そうして書生がその行く末を案じながら死んでいった老母も、とりあえず、日向守某に殺されることだけはなかったらしい。郎等に命じて書生を殺させた悪徳受領も、書生の老母や妻子までをも殺そうとは考えなかったようなのである。そして、おそらく、それは、それまで国府に監禁されたままであった書生が、その家族に日向守の不正に関わる秘密を打ち明けているはずがなかったからであろう。

しかし、もし件の書生が生きることを諦めずに日向守の郎等のもとから逃亡していたならば、ことによると、それに怒った日向守は、逃げ出した書生の行方を追わせる一方、腹立ちまぎれに書生の母親や妻子を殺害していたかもしれない。現に何の罪もない書生を平然と殺した日向守某ならば、そのくらいのことはやりかねないのではないだろうか。

そして、こうした推測もまた、安倍正国の家族が筑後守藤原文信によって殺されなければならなかった事情を考えるうえで、十分に役に立つように思われる。すなわち、書生などとして国府に出入りする筑後国の豪族であった正国が、望まずして筑後守文信の不正行為に荷担させられたことを想定すると、文信が正国の両親や兄弟や姉妹を殺害した動機が、ずいぶんと理解しやすくなるのである。

排除される告発者

さて、『今昔物語集』の伝える「伯耆の国府の蔵に入りたる盗人の殺さるる語」という話を手がかりとするにせよ、あるいは、同じ『今昔物語集』に見える「日向守□□□の書生を殺す語」という話を傍証に用いるにせよ、安倍正国と彼の家族とが筑後守藤原文信から生命を狙われた背景をめぐって想定されるのは、正国が筑後国の豪族だったということであり、また、正国が文信の不正の証拠を握っていたということであった。そして、この二つの想定を裏づけるかのように、王朝時代の現実として、受領国司の不正を告発する者の多くが地方豪族であったことは疑うべくもなく、また、そうした告発者たちがしばしば受領によって暴力的に排除されていたことも間違いない。

長元《ちょうげん》元年（一〇二八）の七月、夜になると「但馬《たじま》の百姓《ひゃくしょう》」と称する一団が関白《かんぱく》藤原頼通《よりみち》の邸宅の門前に集まって大声で何かを訴えるということが、数夜に渡って続いていたらしい。が、藤原実資が『小右記』に書き留めた風聞《ふうぶん》によると、それは、但馬守《たじまのかみ》藤原能通《よしみち》に恨みを募らせる橘俊孝《としたか》という中級貴族の仕業であった。但馬国での悪行を能通に咎《とが》められた俊孝が、逆恨《さかうら》みの恨みを晴らすべく、関白の前で能通を誹謗《ひぼう》していたというのである。

だが、普通に考えれば、「但馬の百姓」を名告《なの》って夜中に関白頼通に呼びかけていたのは、やはり、但馬国の百姓たちであったろう。すなわち、農業経営者として「百姓」と呼ばれた但馬国の豪族たちである。したがって、連夜の騒ぎの中で関白頼通が耳にしていたのは、但馬守能通が任国で行っていた数々の不正を糾弾する言葉であったにちがいない。

そして、『小右記』によると、頼通邸の門前で但馬守の不正行為を告発する「但馬の百姓」を自称する一団は、次のような言葉をも発していたらしい。

「昼間に関白様に訴え申し上げたりすれば、われわれはわれわれが弾劾しようとしている人物に殺されてしまうにちがいありません。だから、こうして夜中に訴え申し上げているのです。また、われわれとしては、われわれが糾弾すべき相手には、関白様に訴え申し上げていることを知られたくないのです」。

但馬守能通の悪行を告発するために都に上った但馬国の豪族たちであったが、右の言葉に明らかなように、その彼らが最も危惧《きぐ》していたのは、能通に殺害されるかもしれないということであった。おそらく、悪徳受領が自己の不正についての告発者を殺しかねないというのは、当時の地方豪族たちの間では、あまりにもよく知られたことだったのだろう。

しかも、寛仁三年（一〇一九）六月二十日の『小右記』が「丹波国《たんばのくに》の百姓《ひゃくしょう》の公門《こうもん》に立《た》ちて訴訟《そしょう》す。而《しか》るに、国司《こくし》の騎馬兵《きばのつわもの》を以《もっ》て追捕《ついぶ》す」と証言する如く、豪族たちの懸念は、けっして杞憂《きゆう》などではなかった。右の丹波国の百姓たちは、丹波守藤原頼任《よりとう》の不正行為を告発しようと大内裏《だいだいり》の陽《よう》明門《めいもん》の前に立ったところを、頼任の手下に追い散らされたのだが、ここで悪徳受領が告発を阻止するために動員したのは、「騎馬兵」と呼ばれるような武装した郎等たちだったのである。この郎等たちは、武力行使の憚《はばか》られる大内裏に至る前に告発者たちを追い詰めていたならば、その場で全員を射殺していたのではないだろうか。

善政の実態

ちなみに、みずからの悪事の露見を防ごうとして武装した郎等たちを動員した丹波守藤原頼任は、結果として、かえって自身の立場を悪くしていた。この一件をめぐって関白藤原頼通やその父親の藤原道長からひどく叱責《しっせき》されたという頼任は、事件の翌日、愚痴《ぐち》をこぼすために藤原実資のもとを訪れているが、『小右記』に「国司《こくし》の弁《べん》ずる所《ところ》は、避《さ》くる所《ところ》無《な》きに似《に》る」と見えるように、その実資さえも、頼任に同情を寄せることはなかったらしい。

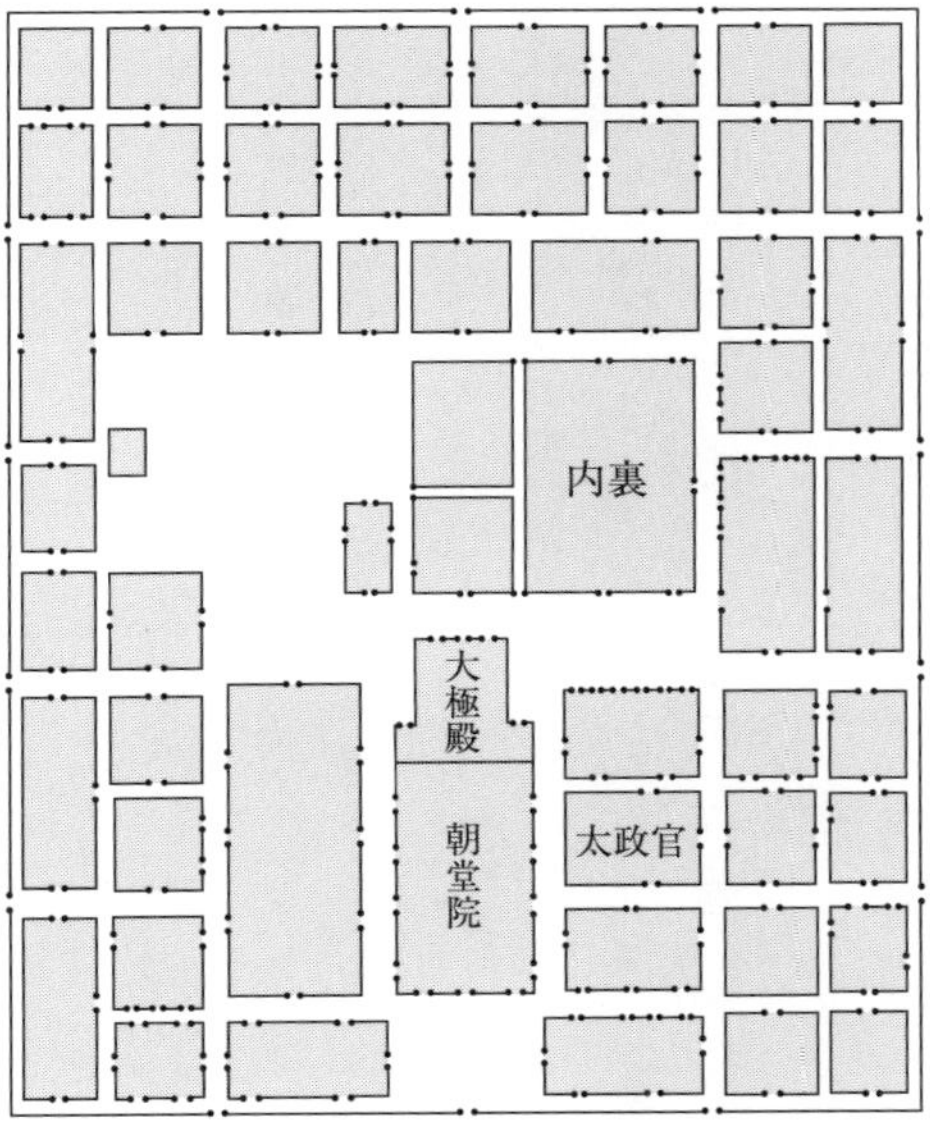

大内裏・陽明門

このとき、頼任にとって最もまずかったのは、彼の郎等たちの姿に驚いた丹波国の豪族たちが、陽明門の内側の大内裏へと逃げ込んでしまったことであった。

当然、そうして予定外のこととして大内裏内に足を踏み入れた豪族たちは、そこで小さからぬ騒ぎを幾つも巻き起こしたことだろう。そして、それらの騒動の数々についての責任を負うべきは、やはり、その根本的な原因を作った頼任であった。したがって、彼が頼通や道長の機嫌を大きく損ねたのは、あまりにも当たり前のことだったのである。

また、そうした騒ぎの中、大内裏内の諸官司に勤める多くの人々が、丹波守頼任が任国で不正を行っているという事実を知ることになった。というのは、大内裏に闖入《ちんにゅう》した丹波国の豪族たちが、大声を上げて頼任の悪行の数々を暴露したためである。ほとんど全ての受領国司が何らかの不正に手を染めているであろうことなど、当時の貴族社会の誰もが常識として承知していたにちがいあるまいが、当の悪徳受領たちにしてみれば、自己の悪事が白日のもとに曝《さら》されるというのは、どうにも体裁の悪いことであったろう。

ただ、これほどまでの失態を演じた頼任であったが、この一件が原因で丹波守を解任されるようなことにはならなかった。右の事件から二十日ほど後の寛仁三年七月十一日の『小右記』には、丹波守頼任が久しぶりに丹波国に赴いたことが記録されているのである。

そして、それから二ヶ月余りを経た頃、大内裏の陽明門において、驚くべき光景が目撃されることになった。すなわち、九月二十三日の『左経記』に「昨今《さっこん》、丹波国《たんばのくに》の百姓等《ひゃくしょうら》数百人《すうひゃくにん》の陽明門《ようめいもん》に於《お》いて守《かみ》の善状《ぜんじょう》を申《もう》すと云々《うんぬん》」と見える如く、そこに詰めかけた丹波国の豪族たちが、朝廷に対して丹波守頼任の善政を喧伝していたのである。おそらく、三ヶ月前の出来事を知っている者ならば、これに驚かずにはいられなかったことだろう。

もちろん、そうして一度は驚いた人々も、すぐさま頼任の愚かしさに呆《あき》れたにちがいない。陽明門前で頼任の善政を顕彰する動きが、頼任自身の仕組んだものであるというのは、当時の貴族社会の人々の誰の眼にも、あまりにも明らかなことであったろう。頼任にしてみれば、どうにかして六月の告発者騒動で傷ついた評判を修復したかったのだろうが、このような見え透《す》いたやらせは、恥の上塗《うわぬ》りにしかならなかったものと思われる。

ただ、そんな浅はかな頼任も、いや、考えの浅い頼任だからこそ、任国の丹波国においては、かなり熾烈《しれつ》な巻き返し策を実行していたかもしれない。告発者の出現に慌てて任地に下った頼任は、ことによると、もう二度と告発者などが登場することのないよう、疑わしき豪族たちの全てを、郎等たちの暴力を用いて、徹底的に弾圧したのではないだろうか。

告発者を見捨てる朝廷

こうして苛酷《かこく》な状況に置かれていた地方諸国の豪族たちは、それでも朝廷への告発を続ける以外、自己の生命や家族や財産を悪徳受領から守る方策を持たなかったわけだが、地方豪族たちが頼みの綱と見ていた朝廷は、必ずしも彼らの味方ではなかった。

長和元年（一〇一二）の九月二十二日、藤原道長の『御堂関白記』によれば、この日の公卿《くぎょう》会議では、奇妙なことが議題になっていた。すなわち、これに先立って、加賀守《かがのかみ》源《みなもとの》政職《まさもと》から任国の百姓たちの納税忌避《きひ》を報告する文書が提出されるとともに、加賀《かが》国の豪族たちからは同国の受領国司に不正行為が多いことを告発する文書が提出されていたため、朝廷の事実上の意思決定機関であった公卿会議は、この相互に訴え合うような二つの上申書の扱いに、少しばかり頭を痛めていたのである。

ここで加賀守政職が朝廷に報じて言うには、その頃、百姓として納税の義務を負っていた加賀国の豪族たちの多くが、どこかへと逃げ去ってしまっていたらしい。そして、逃亡した豪族たちの期するところは、どうやら、税の負担から免れることにあったというのである。これが本当であったとすれば、加賀守を困らせる加賀国の豪族たちには、朝廷より重い処罰が下されるべきであったろう。

しかし、その加賀国の豪族たちの主張に従えば、朝廷によって重く罰せられるべきは、むしろ、政職の方であった。『御堂関白記』に「百姓等《ひゃくしょうら》の政職《まさもと》の非法《ひほう》の政《まつりごと》の卅二《さんじゅうに》箇条《かじょう》を申《もう》す」と見える如く、加賀国の百姓である同国の豪族たちは、政職に不正行為が多いことを告発していたのである。そこで暴露された政職の不正の手口は、三十二種類にも及んでいたらしく、「尾張国郡司百姓等解」が列挙する尾張守藤原元命のそれよりも多彩であった。これが真実であったとすれば、政職が悪徳受領であったことは、否定すべくもあるまい。

そして、これら二つの訴えについて、長和元年九月二十二日の公卿会議は、「相《あ》い共《とも》に勘問《かんもん》せられて、真偽《しんぎ》を定《さだ》めらるべし」という判断を示すこととなった。つまり、その会議で決まったのは、加賀守源政職と加賀国の豪族たちとの両者を審問にかけて、そのうえで結論を出すということだったのである。

だが、その間、加賀守政職を訴える豪族たちは、自分の身を自力で守り通さなければならなかった。もし彼らの言い分が正しかったとすれば、彼らが政職に消されかねないことなど、誰にでも容易に想像できることであったにもかかわらず、王朝時代の朝廷は、告発者を保護しようとはしなかったのである。いや、当時の朝廷としては、面倒な告発者が悪徳受領によって秘密裏に抹殺《まっさつ》されてしまうことを、半ば期待していたのかもしれない。

その結果、加賀守政職を訴える豪族たちは、朝廷の設定した審問の場に姿を現すことがなかった。長和元年十二月九日の『御堂関白記』が「跡《あと》を暗《くら》まし隠《かく》れて参《まい》らず」と伝える如くである。そして、これを見た朝廷は、加賀国の豪族たちによる告発を「無実《むじつ》」のものと決めつけて、政職の不正行為に関する審議を打ち切るとともに、政職を告発した豪族たちを罪人として扱うことにしたのであった。

悪徳受領を庇う賢帝

はっきり言ってしまうと、王朝時代の朝廷には、受領国司の不正行為に関する地方豪族からの告発に本気で耳を貸す準備など、まったく整っていなかった。もちろん、諸国の受領たちが任国で不正を働いていることなど、朝廷の意思決定に関わる公卿たちの多くが、十分に承知していたことだろう。だが、それにもかかわらず、当時の朝廷は、一部の特別な場合を除いて、悪徳受領をめぐる現実から、努めて眼を逸《そ》らそうとしていたのである。

すでに見た如く、丹波国の豪族たちが丹波守藤原頼任の不正を告発するために大内裏の陽明門の前に現れたのは、寛仁三年（一〇一九）の六月のことであった。『日本紀略《にほんきりゃく》』によれば、その正確な日付は、寛仁三年六月十九日であったらしい。だが、これもすでに見たように、このときの豪族たちの試みは、丹波守頼任に妨害されたため、あっさりと粉砕されてしまう。その結果、大内裏で騒動を起こした頼任が関白藤原頼通より厳しく叱責されることになったものの、丹波国の豪族たちの声が公式に関白頼通のもとに届くことにはならなかったのであった。

とはいえ、現に頼任を叱責した関白頼通は、当然のことながら、頼任が受領国司として行った不正を告発されそうになっていたことについて、何も知らないはずがなかった。頼任の郎等たちによって大内裏に追い込まれた丹波国の豪族たちは、口々に頼任の不正行為を暴き立てたというのであるから、そのことが頼通の耳に入らなかったはずはあるまい。

だが、その関白頼通も、大内裏での騒ぎをめぐって頼任を叱りつけることはあっても、問題の騒動の根本的な原因であった頼任についての告発には、まったく眼を向けようとしなかった。あたかも頼任が粋狂《すいきょう》で武装した郎等たちを駆け回らせたとでも思っていたかのように、ただただ頼任を譴責《けんせき》するだけだったのである。

そんな頼通が丹波国の豪族たちからの告発状をとりあえず受理したのは、『小右記』によれば、ようやく七月九日になってからのことであった。それも、その三日前、件の告発者たちが再び陽明門の前で頼任を告発する動きを見せたことに、ゆっくりと対応してのことにすぎない。

しかも、こうしてどうにか関白頼通のもとに届いた告発状も、結局のところ、朝廷において公式に審議されることはなかった。要するに、頼通の判断によって握り潰されてしまったのである。それゆえ、丹波国の豪族たちの願いも虚しく、悪徳受領であったろう丹波守頼任も、任国での不正行為に関しては、一切の詮議《せんぎ》を受けることがなかったのである。

また、こうした悪徳受領を庇《かば》って告発者を蔑《ないがし》ろにするかのような判断は、摂政《せっしょう》や関白によってばかりか、天皇によっても下されていた。例えば、『御堂関白記』によれば、寛弘五年(一〇〇八)の二月二十七日、尾張国の豪族たちが上京して尾張守藤原中清の不正を告発したことを知った一条天皇は、その告発者たちに関して、即座に追い返すように命じたうえに、再び告発のために上京した場合には処罰するように命じたのである。賢帝として知られる一条天皇も、悪徳受領の不正行為には眼を向けようとしなかったのであった。

利用された「尾張国郡司百姓等解」

では、なぜ藤原元命は尾張守を解任されたのだろうか。

すでに触れたように、尾張守元命が罷免されたのは、尾張国の豪族たちが朝廷に元命の不正行為の数々を告発した結果であった。すなわち、朝廷を動かして尾張守の更迭を実現したのは、「尾張国郡司百姓等解」として知られる嘆願書もしくは告発状だったのである。そして、これが当時の事実であったことは、永祚元年（九八九）四月五日の『小右記』に「元命朝臣《もとながあそん》は百姓《ひゃくしょう》の愁《うれ》ふるに依《よ》りて任《にん》を停《と》む」と見える如く、まったく疑う余地もない。

だが、同じ尾張守の藤原中清が告発を受けた折の朝廷は、中清を罷免するどころか、告発者を威《い》嚇《かく》するという挙に出ていた。また、丹波守藤原頼任を告発する動きがあることを知った際の朝廷の態度は、可能な限り告発者の存在を無視し続けるというものであった。さらに、加賀守源政職に関する告発文を受理したときの朝廷などは、政職に告発者を始末する機会を与えるかのような対応をとっていた。

こうした事例に明らかなように、王朝時代の朝廷というのは、受領国司が不正行為を告発された場合、普通、告発内容の真偽を確かめることもせず、とにかく受領たちを庇おうとするものであった。当時の朝廷においては、告発に従って悪徳受領を処罰することどころか、告発者たちの声に耳を傾けることさえ、ほとんど例のないことだったのである。

藤原元命を中心とする人物相関図

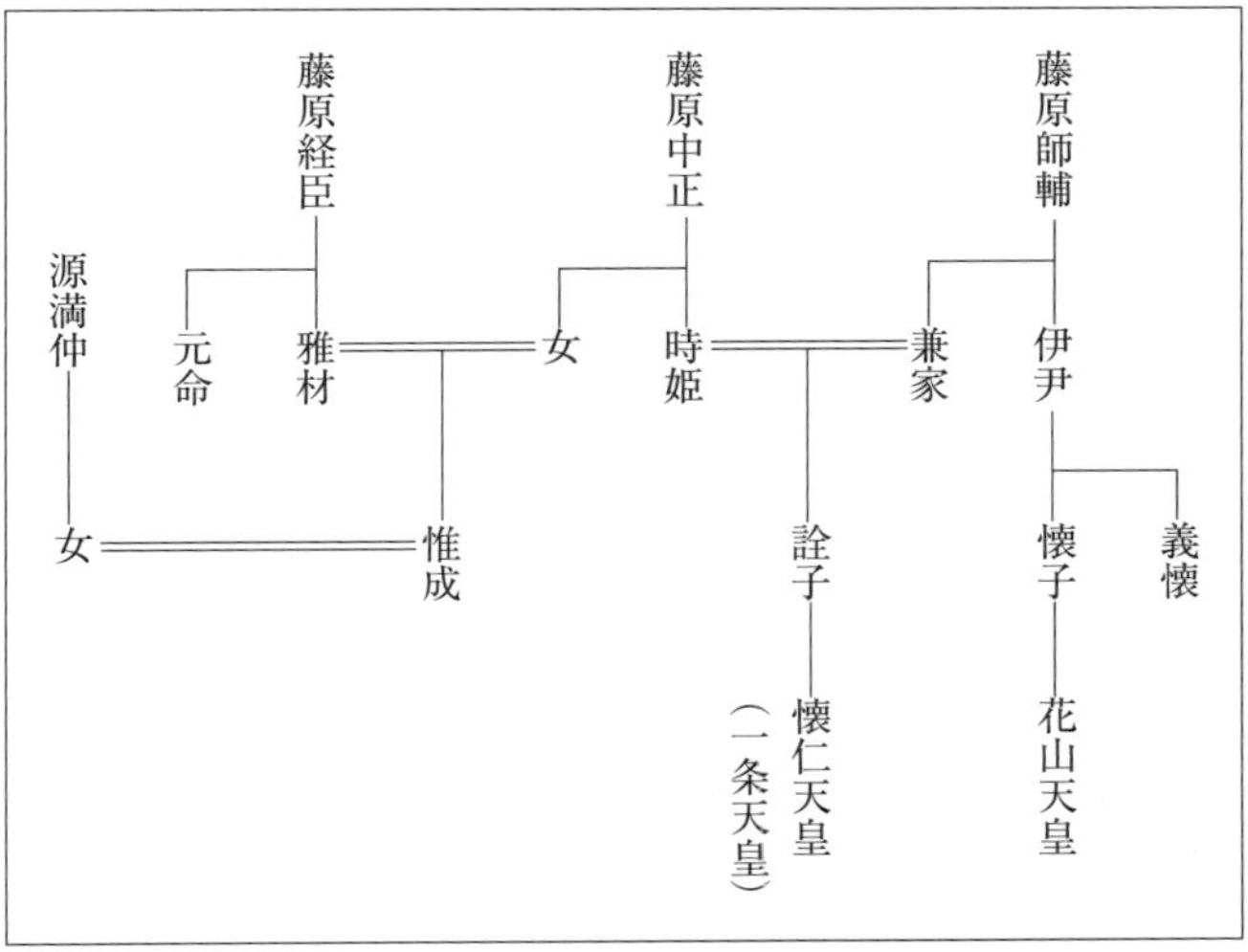

そして、そんな朝廷が例外的に告発者の言い分を聞き入れたのが、かの「尾張国郡司百姓等解」に関する事例であった。が、この事例においても、朝廷が豪族たちからの告発を採用したのは、悪徳受領の不正行為を問題視してのことではなかった。実のところ、件の「尾張国郡司百姓等解」は、その折の朝廷にとって、不正の多い尾張守を更迭するための証拠ではなく、藤原元命という中級貴族を要職から排除するための口実だったのである。

寛和二年（九八六）の正月に尾張守に任命された藤原元命は、まず間違いなく、花山《かざん》天皇の側近の一人であった。花山朝において実質的に朝廷を主導したのは、天皇の外伯父《そとおじ》にあたる権中納言《ごんのちゅうなごん》藤原義懐《よしちか》と天皇の乳母子《めのとご》（乳兄弟《ちきょうだい》）の左中弁《さちゅうべん》藤原惟成《これしげ》とであったが、その惟成の父方の叔父《おじ》であった元命もまた、花山天皇より信任を得ていたはずなのである。そして、それゆえに実現したのが、尾張守藤原元命という人事であったろう。

ところが、この人事が行われてから半年と経たない寛和二年の六月、花山天皇が電撃的に玉座を捨ててしまう。しかも、義懐や惟成までもが、天皇に倣って政界から身を退《ひ》いてしまう。つまり、花山天皇を中心とする政権は、突如として瓦解《がかい》してしまったのである。

そして、一条天皇の即位にともなって発足した新政権は、前政権の関係者を受け入れなかった。わずか七歳の一条天皇の外祖父《がいそふ》として摂政に就任した藤原兼家《かねいえ》は、花山天皇の側近であった人々を朝廷から排除したのである。紫式部《むらさきしきぶ》の父親として知られる藤原為時《ためとき》は、花山天皇の退位の直後に式部大輔《しきぶたいふ》を解任されると、兼家が没するまで無官のままであったが、この不遇も、かつて花山天皇に近侍していたという為時の経歴に起因していたらしい。

とすれば、藤原元命が尾張守を罷免された本当の理由も、自《おの》ずと明らかであろう。

藤原文信の後ろ盾

一方、その藤原元命の後任の尾張守に選ばれた藤原文信は、有力な後ろ盾を持っていたものと思われる。そして、おそらく、それは、一条天皇の父親の円融《えんゆう》法皇であったろう。

藤原実資が自邸に如意輪観音《にょいりんかんのん》像と四天王《してんのう》像とを迎えたのは、正暦元年（九九〇）の八月二十日のことであった。それらの仏像は、かねてより蓮胤《れんいん》という仏師《ぶっし》が製作していたものであったが、ようやく完成して発注者のもとに運ばれたのである。いずれも人間の身の丈《たけ》ほどの大きさを持っていたというから、これらを運搬する作業は、かなりたいへんなものだったにちがいない。
同日の『小右記』によれば、こうして実資邸に新たに来臨した仏像は、三人の客人を招き寄せることになった。すなわち、尾張守藤原文信・前越前守《えちぜんのかみ》藤原景斉《かげなり》・前右衛門尉平恒昌《つねまさ》の三名が、新造の仏像を拝もうと、実資のもとを訪れたのである。当然のことながら、この三人の中級貴族たちは、同日に実資が如意輪観音像および四天王像を迎えることを、あらかじめ知っていたのだろう。

円融法皇を中心とした系図

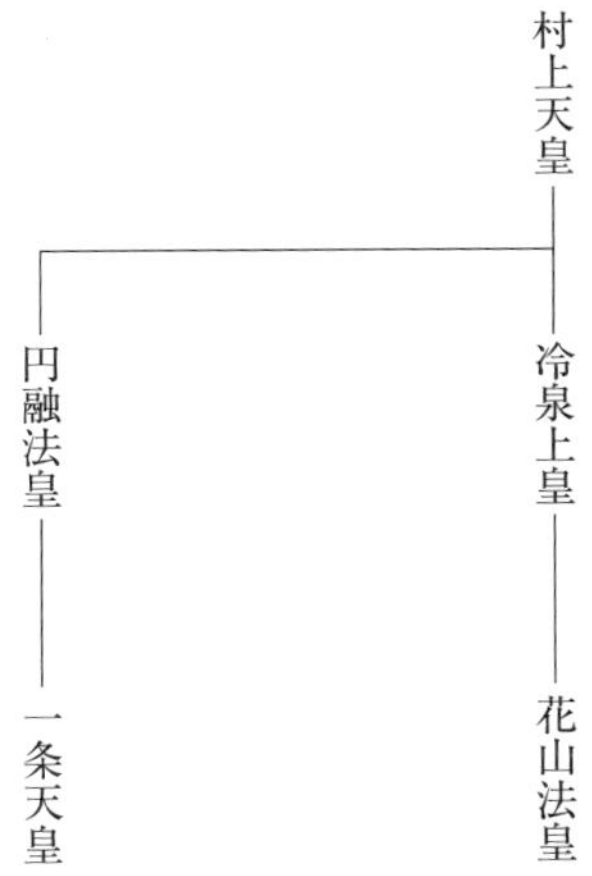

　そうだとすれば、右の三名と実資との間には、以前から交友関係があったはずなのだが、この点は、まず間違いないように思われる。
　例えば、永祚元年（九八九）の四月、御嶽詣に出た文信が帰路を襲われて負傷した折、実資が幾度か使者を出して文信を見舞ったことは、すでに見た如くである。また、その頃の実資は、『小右記』によれば、文信の傷の具合を気にしながらも、他の幾人かとともに景斉の別荘を訪れていたらしい。さらに、恒昌の場合には、かつて実資が円融天皇の蔵人頭《くろうどのとう》であった頃、その指揮下で忙しく働く蔵人《くろうど》の一人であったから、実資と恒昌とが互いに信頼し合う間柄にあったことは、疑うべくもあるまい。

また、新造された仏像を拝むために同じ日に実資邸を訪れた三人の関係は、おそらく、個々別々に実資との間に親交を持っていたというだけのものではなく、友人どうしとして誘い合わせたうえで実資邸を訪れるというほどのものであったろう。文信・景斉・恒昌の間でも、友情が育まれていたものと思われるのである。

そして、そのように考えた場合、実資・文信・景斉・恒昌の四人を結びつけたのは、やはり、かつての円融天皇の宮廷だったのではないだろうか。実資と恒昌とが蔵人頭あるいは蔵人として円融天皇の間近に仕えていたことは、すでに右に触れた通りだが、文信や景斉もまた、円融天皇から厚く信任された殿上人《てんじょうびと》であったとすれば、そんな四人が交友関係を持つようになるというのは、いかにも自然な成り行きであろう。

とすれば、かつて円融天皇の側近であった藤原文信は、円融天皇より花山天皇へと譲られた玉座がさらに一条天皇に譲られた後にも、円融法皇との間に強い絆《きずな》を持っていたにちがいない。そして、しばらく前筑後守であった文信に尾張守として再び受領国司を務める機会をもたらしたのは、その円融法皇との絆であったろう。一条天皇の父親であった円融法皇にならば、受領の人事に介入するくらいのことは、十分に可能だったはずなのである。

悪徳受領の逆襲

ただ、そうして藤原文信に尾張守の官職を与えた円融法皇も、文信がどれほど恐ろしい人間であるかということを、あまり詳しくは承知していなかったのかもしれない。

文信を尾張守に任命するという人事が正式に発令されたのは、永祚元年の四月五日であったが、その翌日の『小右記』には、文信に関する次のような事実が記録されている。

「藤原文信を負傷させた安倍正国が、伊賀国の以忠という名前の追捕使によって捕獲されたらしい。そこで、検非違使の右衛門尉藤原惟風が、伊賀国追捕使以忠から正国の身柄を引き取ったところ、件の正国は、両手の指を切断されたうえ、脚をへし折られていたらしい。また、その文信襲撃事件の犯人と見られる男は、鎮西において文信に父母・兄弟・姉妹を殺されたことから、その報復をしようと、文信が隙を見せるのを待っていたらしい」。

これは、本章の最初の方でも引用した一節であるが、ここには、王朝時代の悪徳受領たちの隠し持っていた残虐性が、余すところなく記されているように思われる。

かつて筑後守であった藤原文信が鎮西において安倍正国の家族を皆殺しにしたという事実には、すでに幾度も言及してきた。筑後国の豪族であったろう正国は、何かの機会に文信が不正を行っていることの証拠を握ってしまい、そのことが原因となって、自身の生命を狙われたうえに、その両親や兄弟や姉妹を皆殺しにされてしまったようなのである。

そして、家族の仇を討つことを誓って都に上った正国も、やがて、前筑後守文信の残虐さの犠牲となり、憐れな末路をたどることになった。すなわち、三年ほどもの期間、都に潜伏して機会をうかがい続けた正国は、ついに文信への復讐を実行するも、仇敵を殺害することはできず、しかも、逆襲を受けて二度と刀剣を握れないような身体にされてしまったのである。検非違使の藤原惟風が伊賀国の追捕使より身柄を引き渡された正国は、両手の指を奪われたうえに脚を折られていたというが、正国に重傷を負わせたのは、おそらく、正国を捕らえたとされる伊賀国の追捕使ではなく、正国が文信を襲撃した場に居合わせた文信の郎等たちであったろう。

この後、文信が再び復讐者に生命を狙われたという記録はない。もちろん、文信に両手を潰されてしまった正国には、もはや、家族の仇を討つ術《すべ》はなかっただろう。が、文信ほどの悪徳受領であれば、彼への報復を考えていたのは、正国だけではなかったにちがいない。ただ、さまざまな理由から文信に復讐せんとしていた少なからぬ数の人々も、正国の一件を聞き知ったことで報復を諦めてしまったのかもしれない。文信の正国への残酷な逆襲は、正国に続くはずであった人々に対して、実に効果的な見せしめになったはずなのである。

なお、安倍正国が家族の仇をとろうとして前筑後守藤原文信に返り討ちにされたのは、永祚元年の四月一日のことであったが、この事件の概略が都の貴族社会の人々の前に明らかにされたのは、四月六日になってからであった。そして、その四月六日というのは、尾張守藤原文信という人事が確定した四月五日の翌日である。が、ここにも文信の狡猾《こうかつ》な作為を見るというのは、あまりにも穿《うが》った見方であろうか。

4　殺人事件の捏造《ねつぞう》を隠蔽《いんぺい》する

夜も眠れないほどに悩む権大納言

治安《じあん》三年（一〇二三）の四月二十六日、早朝から右大臣藤原実資《うだいじんふじわらのさねすけ》を訪ねたのは、参議《さんぎ》藤原資平《すけひら》であった。実資の養子で跡取り息子でもあった資平は、しばしば他の公卿《くぎょう》から実資への依頼や相談の仲介をさせられていたが、この日、資平が朝早くに養父のもとを訪れなければならなかったのも、権大納言《ごんのだいなごん》藤原行成《ゆきなり》より内密の相談を預かっていたからに他ならない。そして、実資が『小右記《しょうゆうき》』に記したところによれば、この朝に資平が実資に伝えた行成の言葉は、次のようなものであった。

「昨日、但馬《たじま》国の郡司《ぐんじ》たちが取り調べを受けましたが、その折、確かに殺人事件があったと供述したと聞きます。しかしながら、私が別の筋から得た情報によりますと、その殺人事件において殺されたはずの人物は、死んではおらず、間違いなく生きているというのです。但馬国の郡司たちが殺人犯として訴えた惟朝《いちょう》法師は、これまで無実を主張してきましたが、その惟朝の主張は、真実であったことになります。この場合、私はどうしたらよいでしょう。もし惟朝法師が殺人事件の容疑者として拷問《ごうもん》にかけられるようなことにでもなれば、僧侶に拷問を受けさせた朝廷には、必ずや仏罰《ぶつばつ》が下されることでしょう。そんなことから、これまでに集めた情報の全てを藤原道長《みちなが》殿にお伝えしようかとも考えました。昨夜は一睡もできなかったうえに、今も心中は不安で一杯です。こうなってしまっては、お教えいただく通りに身を処するしかありません」。

どうやら、この頃、惟朝という僧侶が、但馬国の郡司たちから殺人犯として告発されていたらしく、かつ、すでに検非違使《けびいし》によって身柄を拘束されていたらしい。しかも、それでも無実を主張していた惟朝は、今にも拷問にかけられそうな状況に置かれていたという。

もちろん、王朝時代の法は、僧侶に対する拷問を固く禁じていた。仏法《ぶっぽう》を尊ぶことを建前としていた当時の朝廷は、僧侶が何らかの犯罪の容疑者となった場合、拷問によって引き出されるかもしれない容疑者の自白には頼らず、幾人かの証人たちの証言を根拠として裁きを下すことにしていたのである。

とはいえ、その規定にも抜け道があった。すなわち、犯罪容疑者となった僧侶を強制的に還俗《げんぞく》させてしまえばよかったのである。還俗というのは、出家して一度は僧侶となった者が俗人に戻ることであり、還俗によって再び俗人となった元僧侶は、王朝時代の法において、もはや、拷問を免除されないたんなる俗人でしかなかった。

しかし、そうであっても、権大納言藤原行成としては、朝廷に惟朝への拷問を敢行させるわけにはいかなかった。なぜなら、惟朝が殺人犯ではないということについて、強い確信を持っていたからである。そして、ここで行成が危惧《きぐ》したのは、真相を知らないままに無実の惟朝を拷問した朝廷が、仏によって罰せられるかもしれないということであった。

ただ、このときの行成は、朝廷の事実上の最高権力者である藤原道長に全てを打ち明けるか否《いな》か、ずいぶんと迷ったらしい。そして、そんな行成が夜も眠れなくなるほどに悩んだ末に思い至ったのが、まずは右大臣藤原実資に相談してみることだったのである。

小一条院敦明親王の横槍

この一件についての現存する最初の記録は、おそらく、治安三年正月二十六日の『小右記』であろう。そこには、右大臣藤原実資が関白《かんぱく》藤原頼通《よりみち》より受けた命令が記されているのだが、その命令というのは、次のようなものだったのである。

「昨年、但馬国からの申請に基づいて一通の逮捕状を発給したところ、小一条院敦明親王《こいちじょういんあつあきらしんのう》様が、陛下《へいか》への奏上《そうじょう》というかたちをとって、これに異を唱えられた。『逮捕状を出された法師某《なにがし》の言い分によりますと、かの者にかけられた嫌疑には、まったく根拠がないようです。ですから、まずは、一時的にでも法師某の逮捕を中止していただけるようにお願い致します。また、真相を究明するため、法師某を告発した郡司たちを朝廷の責任において取り調べていただけるようにお願い致します』というのが、親王様のおっしゃるところである。ついては、但馬国に命令書を送り、問題の郡司たちを朝廷に出頭させよ」。

これによれば、治安三年の前年となる治安二年、朝廷から但馬国へと一通の逮捕状が送られていたようだが、どうやら、それは、但馬国の国府《こくふ》が、同国の郡司たちからの告発に基づき、朝廷に発給を申請したものであったらしい。そして、右に「法師某」と見える一人の僧侶こそが、その逮捕状によって捕らえられるべき犯罪容疑者であった。

もちろん、王朝時代の国府は、地方諸国の行政機構として、それぞれの管掌する国の国域内において警察業務を執行する権限を有していた。つまり、当時の地方諸国の国府には、国内で起きた事件の容疑者を独自の判断で逮捕することが可能だったということである。したがって、但馬国府にしても、但馬国で事件を起こした容疑者を但馬国内で逮捕するのであれば、本来、朝廷に逮捕状の発給を申請することなど、まったく必要ないはずであった。

ところが、その但馬国府が、治安二年に何らかの事件を起こしたらしい法師某を逮捕するにあたっては、朝廷に逮捕状の発給を申請したのである。告発者が但馬国の郡司たちであったことから見て、その事件というのは、但馬国内で起きたものであったろう。また、それと同じように、容疑者の法師某は、但馬国の住人であったろう。それにもかかわらず、法師某を逮捕しようとする但馬国は、その逮捕について朝廷のお墨つきを得ようとしたのである。おそらく、右の法師某は、但馬国府にとって、かなり厄介な相手だったのだろう。

そして、但馬国の国府は、朝廷の発給した逮捕状を手にしてさえ、法師某を捕らえられそうにはなかったが、それは、都の朝廷において、法師某の逮捕に横槍《よこやり》を入れる動きが見られたためであった。すなわち、准太上天皇《じゅんだいじょうてんのう》として「小一条院」の院号《いんごう》を持つ敦明親王が、後一条《ごいちじょう》天皇に対して、法師某の逮捕を差し止めるように要請したのである。

しかも、ここで敦明親王の突き出した横槍は、法師某を庇《かば》うのみならず、但馬国府の足元を掬《すく》うことにもなった。というのも、敦明親王の働きかけによって冤罪《えんざい》事件が起きようとしている可能性に気づいた後一条天皇の朝廷が、但馬国府の対応に疑問を抱きはじめたからに他ならない。もしかすると、都の朝廷から法師某を告発した郡司たちの出頭に関する命令書が届いたとき、但馬国の国府では、かなりの混乱が見られたのではないだろうか。

厄介な准太上天皇

後一条天皇の先代となる三条《さんじょう》天皇の時代、内裏《だいり》や大内裏《だいだいり》において連続する火災が、貴族社会の人々の不安を掻《か》き立てていた。とくに、長和《ちょうわ》三年（一〇一四）の三月十二日、皇室の財産を管理

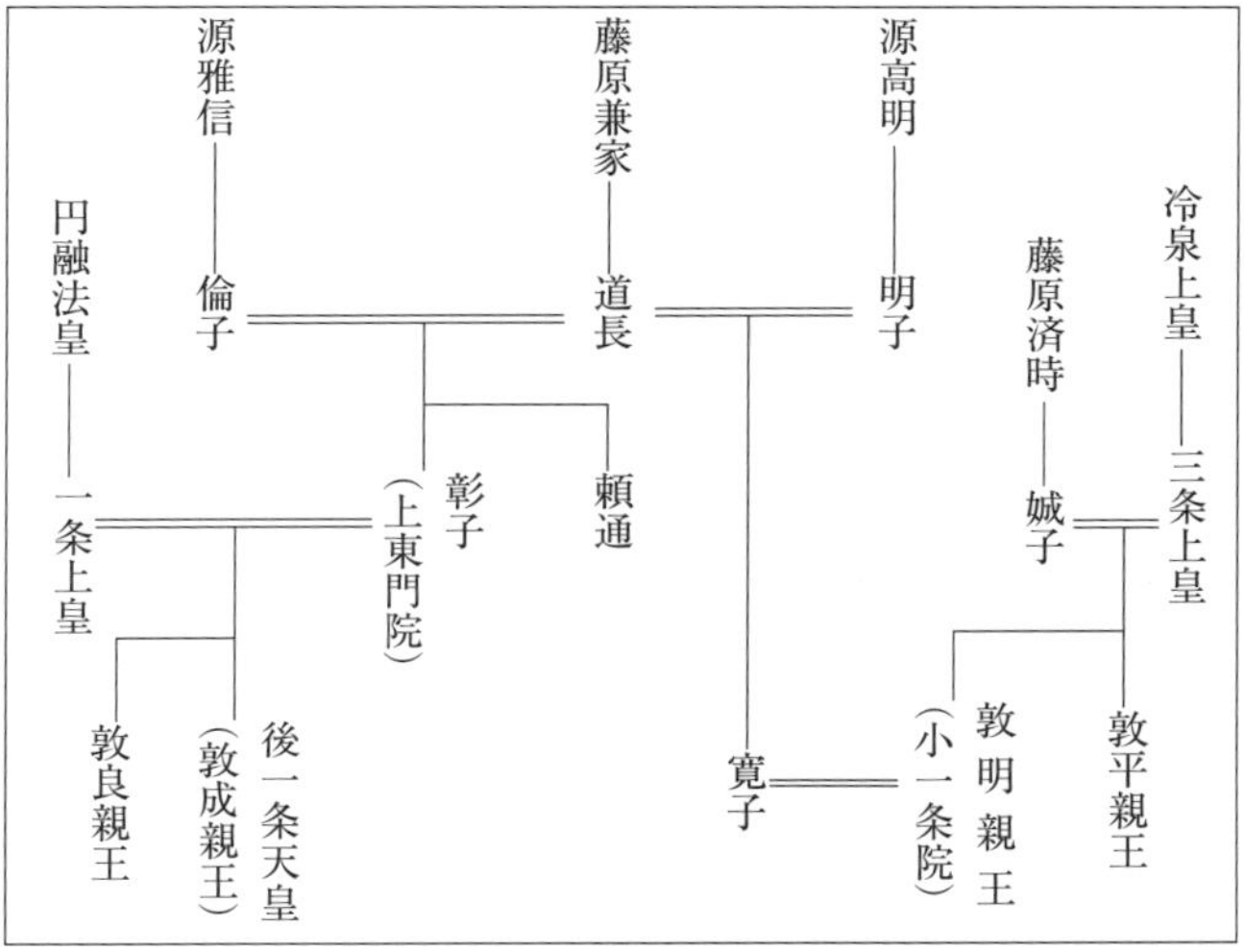

敦明親王を中心とする人物相関図

する内蔵寮《くらりょう》の倉庫を全焼させた火事は、『小右記』が「焼《や》くる所《ところ》の物《もの》は数万《すうまん》」「累代《るいだい》の宝物《ほうもつ》も全《すべ》て悉《ことごと》く焼失《しょうしつ》す」と伝えるような被害をもたらし、王朝貴族たちに「嘆《なげ》き念《おも》ふ所也《ところなり》」という気持ちを深めさせたという。「累代の宝物」というのは、要するに、代々の天皇たちに受け継がれてきた往古の宝物のことであり、そのような宝物の焼失は、王朝貴族たちにとって、朝廷や皇室の歴史の一部が炎に呑《の》まれたことと同義であった。

だが、このような非常事態を好機ととらえた不心得者がいた。精力的な野心家にして卑劣な陰謀家であった藤原道長である。

その頃、左大臣《さだいじん》道長が全力を注いでいたのは、反《そ》りの合わない三条天皇を一刻も早く玉座から追い払うことであり、また、自身の外孫《がいそん》である皇太子敦成《あつひら》親王を一日でも早く即位させることであった。そして、そんな道長は、火災によって「累代の宝物」が焼失すると、その出来事を根拠として、三条天皇に早々の退位を迫ったのである。『小右記』によれば、その折の道長は、天皇に対して「天道《てんとう》の主上《しゅじょう》を責《せ》め奉《たてまつ》る」――「天が陛下の不徳を咎《とが》め申し上げているのです」という、あまりにも不遜《ふそん》な言葉を突きつけたらしい。

こうした陰湿な圧力を折に触れて加え続けた道長は、長和四年十二月、ついに三条天皇に退位を決意させることに成功する。そして、翌年正月、道長の望んだ通り、三条天皇から玉座を譲られた皇太子敦成親王が、九歳にして後一条天皇として即位したのであった。

だが、これで満足するような道長ではなかった。というのは、後一条天皇の即位にともなって新たに皇太子に立てられたのが、三条上皇の皇子である敦明親王だったためである。このときの皇太子の人選は、三条上皇が自身の退位と引き替えに道長に承諾させたものであったが、後一条天皇の弟である敦良《あつなが》親王の外祖父《がいそふ》でもあった道長としては、その敦良親王こそを皇太子にしたいところであった。

それゆえ、皇太子となった敦明親王もまた、道長の数々の嫌がらせに悩まなければならなかったのだが、道長が敦明親王に加えた陰湿かつ多様な圧力として最も効果的だったのは、おそらく、「壺切剣《つぼきりのつるぎ》」と呼ばれる皇太子の地位を象徴する剣を、敦明親王には一度も渡さなかったことなのではないだろうか。それは、消極的な行為のようでありながら、実のところ、敦明親王が皇太子であることを積極的に否定する行為だったのである。

そして、道長からの執拗《しつよう》な圧迫に堪《た》えられなくなった敦明親王が、みずから皇太子の地位を放棄したのは、三条上皇の崩御《ほうぎょ》から間もない寛仁《かんにん》元年（一〇一七）の八月のことであった。が、これは、必ずしも敦明親王にとっての敗北ではなかったとともに、道長にとっての勝利でもなかった。というのは、皇太子の地位と引き替えに「小一条院」を院号とする准太上天皇の地位を手に入れた敦明親王は、その後、朝廷に対しても、貴族社会に対しても、最有力皇族として、それまで以上に大きな影響を与えるようになったからに他ならない。

権力者たちの複雑な関係

したがって、治安三年の正月、但馬国の郡司たちの告発するままに法師某を逮捕しようとする朝廷および但馬国府の姿勢について、小一条院敦明親王から明確な異論が提示された折、後一条天皇および関白藤原頼通が感じた圧力は、相当に強いものだったのではないだろうか。とくに関白頼通については、敦明親王が法師某の逮捕を差し止めるように後一条天皇に奏上したことを知るや、完全に及び腰になってしまったことさえもが想像されよう。

すでに本書の第一章に見た如《ごと》く、式部卿宮敦平親王《しきぶきょうのみやあつひら》に接するに、つねに腫物《はれもの》に触れるかのような態度をとっていた関白頼通であったが、頼通と敦平親王との関係が微妙なものにならざるを得なかったのは、かつて頼通の父親の藤原道長が敦平親王の父親の三条天皇から悪辣《あくらつ》な方法で玉座を取り上げたという過去の因縁から、頼通が敦平親王に対して後ろめたさを感じていたためであった。とすれば、その頼通が敦明親王の動向に過度に敏感に反応することがあったとしても、それは、実にもっともなことであったろう。敦明親王もまた三条天皇の皇子であったことは、もはや、改めて言うまでもあるまい。

そのうえ、関白頼通にとっては著しく都合の悪いことに、「小一条院」と呼ばれた敦明親王は、准太上天皇の地位にある最有力皇族であった。准太上天皇というのは、かつて天皇であった人物に与えられるべき太上天皇（上皇）の地位に准ずる尊貴な地位であったから、その点においても、頼通としては、敦明親王を粗略に扱うわけにはいかなかっただろう。頼通自身は、後一条天皇の相談役である関白として大きな権限を有していたものの、あくまで臣下の一人でしかなかったのである。

また、その頃の朝廷を実質的に主導していたのは、後一条天皇でもなければ、関白頼通でもなく、全ての官職を辞して公式には政界を引退したはずの藤原道長であったが、その道長でさえも、敦明親王に対しては、かなりの遠慮があったことだろう。敦明親王が道長を深く恨んでいようことは、当時の貴族社会において、ほとんど誰もが了解していたのである。とすれば、朝廷の私物化に成功していた道長にしても、それによって自身の利益が大きく損なわれるようなことにでもならない限り、敦明親王が朝廷の動きに介入することがあっても、これを正面から妨げるような態度はとりづらかったのではないだろうか。

事実、件《くだん》の法師某の逮捕をめぐって敦明親王が朝廷の意思決定に干渉したとき、これが道長によって排除されることにはならなかった。いや、どうかすると、その折の道長は、敦明親王の動きを支援しようとしていたのかもしれない。というのは、敦明親王から後一条天皇への奏上があって以降の朝廷が、あまりにもあっさりと方針を変更したからである。

確かに、敦明親王の望むままに右大臣藤原実資に「但馬国に命令書を送り、問題の郡司たちを朝廷に出頭させよ」との命令を下したのは、すでに見た如く、後一条天皇より朝廷の運営を任されているはずの関白藤原頼通であった。が、法師某についての逮捕命令の凍結を決めたのは、また、法師某を告発した但馬国の郡司たちの召喚《しょうかん》を決めたのは、やはり、その父親として関白頼通をも絶対的に服従させる藤原道長だったのではないだろうか。

抵抗を試みる人々

こうした事情から、治安二年（一〇二二）のいつであったか、国内の郡司たちからの告発に基づいて朝廷に法師某の逮捕状の発給を申請した但馬国の国府は、その翌年の春、法師某を告発した郡司たちを朝廷に出頭させなければならなくなってしまう。関白藤原頼通が右大臣藤原実資に「但馬国に命令書を送り、問題の郡司たちを朝廷に出頭させよ」と命じたのは、治安三年の正月二十六日のことであったから、郡司たちの出頭に関する命令書は、遅くとも同年の二月のうちには、但馬国府に届いていたことだろう。

ただ、それにもかかわらず、但馬国においては、右の朝廷からの命令に抵抗しようとする動きが、多少なりともあったのかもしれない。

問題の但馬国の郡司たちが実際に平安京に到着した時期は、どんなに早く見積もっても、治安三年四月の半ばを過ぎた頃であった。朝廷に出頭するべき郡司たちを都へと向かわせた但馬国府は、その旨《むね》の報告書を朝廷に送っていたが、その文書が右大臣実資の眼に入ったのは、『小右記』によれば、四月十九日のことだったのである。件の報告書には、全部で七名の郡司を上京させたということが記されていたようだが、この文書を朝廷に届けたのが当の七人の郡司たちであったとすれば、彼らが都に到着したのは、やはり、四月の十七日あるいは十八日といったあたりであったろう。

しかし、この郡司たちに関する出頭命令が朝廷から但馬国へと伝えられたのは、二月中のことであったはずだから、右に見た到着時期は、あまりにも遅過ぎるように思われる。但馬国から都までの移動には、今ほどに交通事情のよくなかった王朝時代においてさえ、十日とかからなかったはずなのである。二月中に上京を命じられたはずの郡司たちは、それからほどなく出立していれば、旅の途中で多少の事故に遭遇することがあったとしても、その翌月の半ばには都に到着していてもよかったのではないだろうか。

おそらく、二月中には受理されていたはずの出頭命令が、四月の半ばを過ぎるまで完遂されなかったのは、その命令を受けて朝廷に出頭するべきであった当の郡司たちが、少なくとも一ヶ月も、但馬国を出立しようとしなかったがゆえのことであったろう。すなわち、例の七人の郡司たちは、朝廷から下された出頭命令を、一ヶ月以上にも渡って無視し続けていたのかもしれないのである。

だが、もしかすると、朝廷からの命令を拒み続けたのは、但馬国府であったかもしれない。この折に朝廷が下した命令は、郡司たちの出頭に関するものであったが、これを直接に受理したのは、あくまで但馬国の国府であり、実際に朝廷へと出頭するべきであった郡司たちではなかったのである。したがって、もし国府が件の命令の実行を先延ばしにしたがっていたならば、その間、郡司たちが都に向けて旅立とうとしなかったのも、郡司たち自身の意思とは無関係に、あまりにも当然のことであったろう。

なお、右の二つの可能性は、とくに択一的な関係にあるわけではないから、ここでは、国府と郡司たちとが協調して件の出頭命令に抵抗したことも、想定されなければなるまい。

拘禁される郡司たち

いずれにせよ、但馬国の郡司たちの上京が間違いなく確認される治安三年四月十九日以降、その前年に但馬国府が朝廷に逮捕状の発給を申請した事件は、その申請を受理した当初の朝廷において

藤原行成を中心とする人物相関図

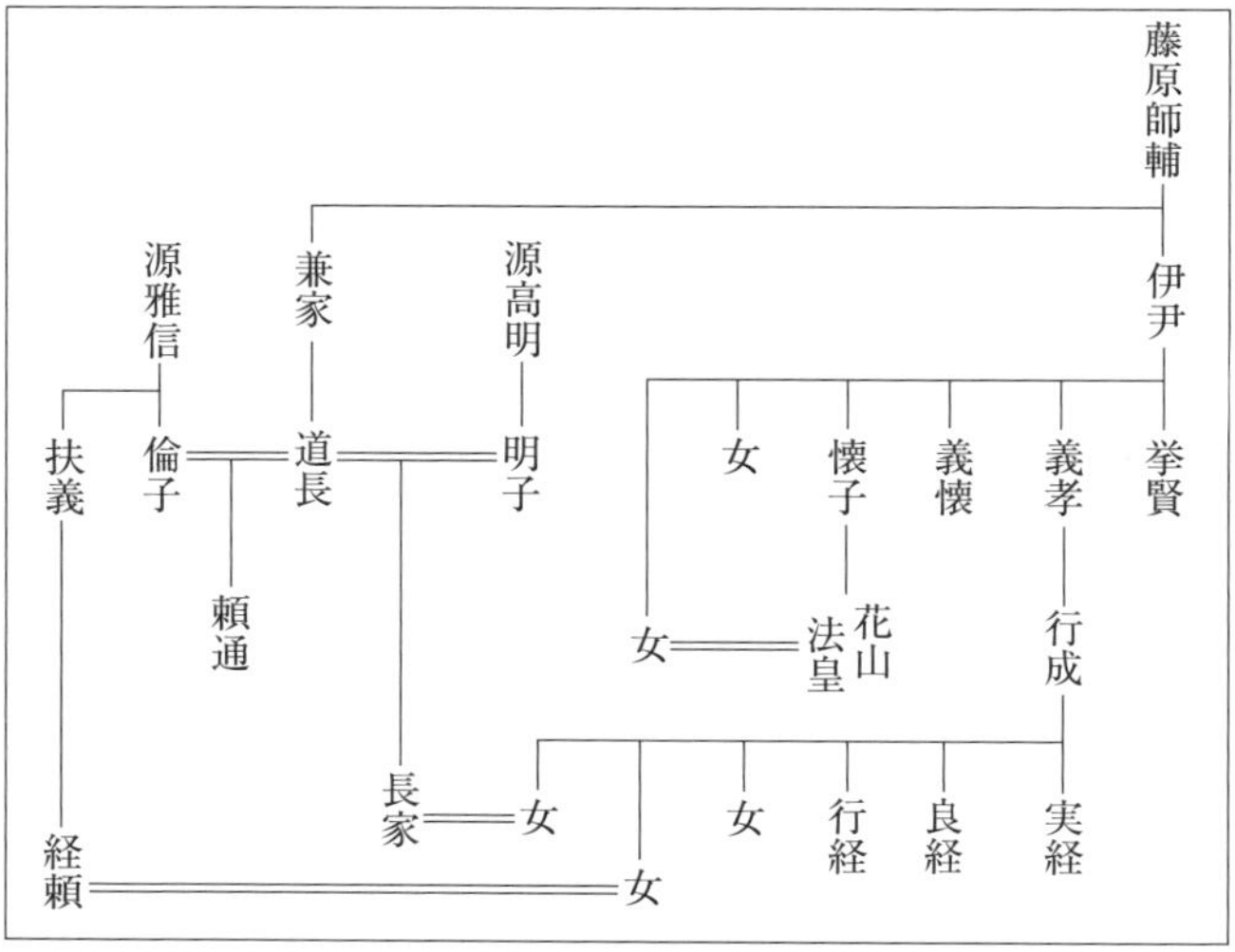

はまったく予想もされていなかった方向へと、あまりにも意外な展開を見せることになる。

その最初の動きが見られたのは、同月二十一日のことであり、それゆえ、同日の『小右記』には、いずこからか入手した情報として、次のようなことが記されることになった。

「但馬国から上京した七人の郡司たちは、当初、権大納言藤原行成殿の邸宅に在京中の宿所を与えられていたが、今日、朝廷から命令を受けた検非違使の左衛門志《さえもんのさかん》粟田豊道《あわたのとよみち》によって連行されたらしい。しかも、そうして検非違使に身柄を引き渡された郡司たちは、行成殿の邸宅の門を出るや、身体を拘束されたうえに、烏帽子《えぼし》を取り上げられたという。そのとき、行成殿の邸宅には、但馬守《たじまのかみ》藤原実経《さねつね》も同宿していたらしく、この一件によって、行成殿と実経とは、父子そろって面目《めんもく》を失ってしまったとのことである。どうやら、禅閤《ぜんこう》藤原道長殿の知り得たところ、かの郡司たちが以前に行った告発は、事実に反するものであったらしく、彼らを逮捕することを決断したのは、道長殿だったようである」。

但馬国から都へと上った七人の郡司たちが権大納言藤原行成の邸宅に泊まることになったのは、そこが但馬守藤原実経の実家であったからに他なるまい。右の『小右記』にも若干の言及があるように、その当時に但馬守を務めていた実経は、行成の息子の一人だったのである。そして、その実経が自身の父親の邸宅に但馬国の郡司たちを泊まらせたという事実は、その頃の但馬国においては受領国司の実経と郡司を務める豪族たちとが友好的な関係にあったことを意味していよう。

ところが、こうして但馬国の郡司たちに宿を提供したことは、権大納言行成にとっても、但馬守実経にとっても、その結果から見れば、かなり大きな失敗であった。というのは、一度はみずから客として迎え入れたはずの郡司たちを、結局は逮捕状を持つ検非違使に犯罪容疑者として引き渡すことになったからである。

王朝時代において、従五位下《じゅごいげ》以上の位階を有して公式に貴族として扱われた人々の住む家宅には、本来、検非違使の警察権も及ばない一種の治外法権が認められているはずであった。したがって、王朝貴族の居宅に匿《かくま》われた者は、たとえ凶悪犯罪者であっても、その邸宅の主人に見捨てられない限り、検非違使に捕縛されるようなことにはならないはずだったのである。例外があったとすれば、それは、その貴族の有する治外法権が天皇によって否定された特別な場合だけであったろう。

いずれにせよ、みずからの意思で自邸に招き入れた者を検非違使に連行されるというのは、王朝貴族にとって、このうえなくみっともないことの一つであった。そして、行成と実経とが「面目を失ってしまった」というのは、行成邸を宿にしていた郡司たちが検非違使に拘束されたという事実からすれば、実に当然のことだったのである。

烏帽子の没収

また、そうして検非違使に引き渡された但馬国の郡司たちも、衆人環視《しゅうじんかんし》の中、拭《ぬぐ》い難《がた》い恥辱を与えられたという。すなわち、『小右記』によれば、藤原行成邸の門前の路上において、縄《なわ》を打たれたばかりか、頭に被っていた烏帽子を取り上げられてしまったのである。

『源氏物語絵巻《げんじものがたりえまき》』『枕草子絵巻《まくらのそうしえまき》』などの王朝時代の人々の服装が描かれた絵巻物《えまきもの》を見ると、そこに登場する成人男子のほとんどが、その頭に何らかの被り物を着けていないだろうか。ある男性たちは「冠《かん》」と呼ばれるものを被っているはずであり、また、ある男性たちは「烏帽子」と呼ばれるものを被っているはずである。そして、王朝時代の成人男子が冠や烏帽子といった被り物を着用したのは、頭頂の髻《もとどり》を隠すために他ならなかった。

王朝時代の人々が「髻」と呼んだのは、頭髪を束ねて紐《ひも》で括《くく》った丁髷《ちょんまげ》のようなものだが、当時の

王朝時代の男性たち（『年中行事絵巻』より）

成人男性の頭には、普通、この髻が見られるものであった。王朝時代の男性の多くは、童部《わらべ》として扱われる間、現代人が「おかっぱ頭」と呼ぶような髪型で通したものの、成人の仲間入りをする「元服《げんぷく》」と呼ばれる儀式の中で初めて髻を結《ゆ》うと、それ以降、頭頂に髻のある髪型を守り続けたのである。それは、当時において、貴族層の男性にも庶民層の男性にも共有された、かなり普遍性の高い生活習俗であったらしい。

そして、髻というのは、王朝時代の人々の意識において、けっして他人の眼に触れさせてはならないものであった。換言するならば、髻を他人に見られるのは、当時の成人男性にとって、たいへんに恥ずかしいことだったのである。また、そうした王朝時代に独特の事情を背景として、髻を隠すために用いられたのが、冠や烏帽子といった被り物であった。

だが、そんな王朝時代にも、被り物の不着用を周囲から当然視される人々がいた。

例えば、普通の男性の人生とともに頭髪を放棄した僧侶は、髻を隠す必要もなかったため、誰からも冠や烏帽子の着用を求められることがなかった。また、社会から一人前の男性とは見なされない童部の身で一生を送ることを選んだ人々も、髻を結うことはなく、したがって、何らかの被り物の着用を強いられることはなかった。そうした男性たちを代表するのは、牛の世話を職業として「牛飼童《うしかいわらわ》」と呼ばれた人々であるが、彼らが頭に何も被っていないことは、多くの絵巻物から確かめることができよう。そして、僧侶や牛飼童と並んで被り物の不着用を当然視されたのが、犯罪者として拘束された人々であった。

ただし、犯罪者が被り物の不着用を当然視された理由は、僧侶や牛飼童の場合のそれとはまったく異なっている。僧侶や牛飼童というのは、みずから被り物を必要としない人生を選んだ人々であったのに対して、犯罪者というのは、被り物の着用を他者によって禁止された存在だったのであり、要するに、一人前の成人男性であることを周囲の人々によって否定された存在だったのである。

そして、但馬国の郡司たちを拘束した検非違使が即座に烏帽子を没収したのも、こうした社会常識を前提としてのことであった。往来にて髻を丸出しにさせられた郡司たちの姿は、その場を通りかかった誰の眼にも、犯罪者のそれとして映ったにちがいあるまい。

誣告の罪

但馬国から上京した七人の郡司たちの逮捕を決断したのは、右大臣藤原実資の伝え聞くところ、当時の貴族社会において「禅閤《ぜんこう》」と呼ばれていた藤原道長であったらしい。

これより五百数十年の後、甥《おい》に関白の地位を譲った豊臣秀吉《とよとみひでよし》が「太閤《たいこう》」と呼ばれることになるように、「閤」という漢字は、摂政《せっしょう》あるいは関白の前任者を意味したが、「禅」という漢字の意味するところは、俗界を捨てた出家者であった。したがって、「禅閤」というのは、出家得度《しゅっけとくど》した前摂政あるいは前関白に対して用いられるべき呼称であり、事実、「禅閤」と呼ばれていた頃の道長は、行覚《ぎょうかく》という法名《ほうみょう》を持つ入道前摂政だったのである。

しかし、藤原道長というのは、官職を辞して出家したくらいのことで権力を手放すような人物ではなかった。いや、道長の朝廷に対する影響力が最も強大だったのは、現役の摂政であった頃ではなく、むしろ、出家することによって公式には政界から身を退《ひ》いた後であったろう。道長より摂政の任を譲られた藤原頼通は、後一条天皇が元服を迎えると、摂政を辞して関白に就任するが、現役の摂政もしくは関白の父親となった道長は、その立場を利用して、それまで以上に恣意《しい》的に朝廷の意思決定に影響を及ぼしたのである。そして、そうした状況は、道長が薨《こう》じる万寿《まんじゅ》四年（一〇二七）の十二月まで、朝廷を支配し続けたのであった。

とすれば、治安三年（一〇二三）の四月二十一日、検非違使に但馬国の郡司たちを逮捕させたのも、その実質を見るならば、やはり、実資が理解していたように、禅閤道長であったろう。もちろん、その折に公式に逮捕命令を発令したのは、関白頼通であったにちがいないが、その頼通が道長の意思に従って動いていたことは、疑うべくもあるまい。

そして、ここで道長が唐突に但馬国の郡司たちの逮捕に踏み切ったのは、件の郡司たちの行った告発に嘘《うそ》があることが判明したためであった。言うまでもなく、その郡司たちの告発というのは、但馬国において法師某が起こしたとされる事件についての告発であり、また、それに基づいて朝廷が但馬国府に法師某の逮捕状を発給することになった告発に他ならない。が、道長の把《つか》んだ情報によれば、どうやら、但馬国府を介して最終的には朝廷を動かすことになった件の告発が、虚偽のものだったようなのである。

もしも、道長が判断した如く、郡司たちが嘘の告発をしていたとすれば、それは、王朝時代の法に照らしても、立派な犯罪行為であった。残念ながら、当時の刑法については断片的な情報しか残されていないが、そうしたわずかな手がかりから知り得る限りでも、王朝時代の刑法には、確かに「誣告《ぶこく》」と呼ばれる行為を弾劾する条文があったようなのである。したがって、但馬国の郡司たちは、誣告罪の容疑者として逮捕されたことになろう。

ただし、この時点においては、貴族社会の全ての人々が郡司たちの罪状を確信していたというわけではない。例えば、同日の『小右記』が「使庁《しちょう》の勘問《かんもん》の後《のち》、真偽《しんぎ》を知《し》るべし」と結ばれているように、郡司たちの逮捕を伝え聞いた実資は、検非違使庁における取り調べの結果が公表されるまで判断を保留しようとする姿勢を見せていたのである。

荘司惟朝法師

だが、右大臣藤原実資が期待を寄せる「使庁の勘問」は、すぐには行われなかったらしい。但馬国の七人の郡司たちが誣告罪の容疑者として拘束されたのは、すでに見た如く、治安三年四月二十一日のことであったが、それから三日を経た同月二十四日になるまで、検非違使が件の郡司たちを取り調べることはなかったようなのである。

とはいえ、検非違使たちにしても、その間、職務を怠って時間を空費していたわけではない。それどころか、道長より真相の究明を厳命されていたであろう検非違使たちは、但馬国の郡司たちの行った告発の真偽を定めるべく、もう一人の関係者の取り調べを進めていたのである。すなわち、問題の郡司たちによって但馬国で何らかの重大事件を起こしたとして告発された、あの法師某を取り調べていたのであった。

『小右記』によれば、四月二十四日、右大臣として朝廷の動向のほとんど全てを知り得る立場にあった実資は、検非違使の左衛門府生《さえもんのふしょう》笠良信《かさのよしのぶ》より、次のような報告を受けている。

「昨日、小一条院敦明親王様の但馬国の荘園《しょうえん》にて荘司《しょうじ》を務める惟朝法師を取り調べました。そこで、今日は例の郡司たちを取り調べるつもりです」。

件の郡司たちの取り調べが四月二十四日まで行われなかったことは、この記録によって明らかになるわけだが、しかし、ここでより重要なのは、右の『小右記』が法師某の正体を初めて明らかにしてくれたことであろう。これによれば、但馬国の郡司たちに告発された法師某は、本章の最初に登場した惟朝という名の僧侶だったのであり、また、その惟朝法師は、小一条院敦明親王が但馬国に所有する荘園の荘司だったのである。

そして、この事実からすれば、但馬国の郡司たちが惟朝を誣告することがあったとしても、それは、さほど驚くべきことではない。というのは、その動機があまりにも容易に推察されてしまうからである。

王朝貴族が「荘司」と呼んだのは、当時の地方諸国に数多く見られた荘園の現地責任者なのだが、王朝時代の荘司というのは、大雑把に理解すれば、豪族と同様の存在もしくは豪族そのものであった。つまり、荘司として荘園内に拓《ひら》かれた田地の経営にあたった人々は、諸国の郡司や百姓と同様、広大な土地の経営に携わる地方在住の有力者だったのである。当時の荘司たちは、言ってみれば、都の皇族や貴族に私的に仕える地方豪族たちであった。

当然、そうした荘司たちは、自己の管理する荘園に隣接する土地に利権を有する郡司や百姓を相手として、幾つもの紛争を起こしたことだろう。大土地経営者である豪族たちというのは、そもそも、さまざまな問題をめぐって対立し合うものだったのである。土地の領有権を争ったり、農業用水路の使用権を争ったり、さらには、山野の占有《せんゆう》権を争ったりもしたことだろう。地方の豪族たちが抱えていた紛争の火種は、まさに多種多様であった。

したがって、但馬国の豪族であった例の七人の郡司たちが、嘘の告発によって惟朝法師を犯罪者に仕立て上げようとしたのだとすれば、それは、彼らには敵対的な豪族であった惟朝を、正義の名を借りて排除しようと目論《もくろ》んでのことであったにちがいあるまい。

全てを知る権大納言

さて、ここにおいて、参議藤原資平が右大臣藤原実資に伝えたという権大納言藤原行成の言葉に、再び耳を傾けてみよう。そう、治安三年（一〇二三）の四月二十六日、行成から資平を介して実資に寄せられた相談の内容を、改めて検討してみようというのである。

「昨日、但馬国の郡司たちが取り調べを受けましたが、その折、確かに殺人事件があったと供述したと聞きます。しかしながら、私が別の筋から得た情報によりますと、その殺人事件において殺されたはずの人物は、死んではおらず、間違いなく生きているというのです。但馬国の郡司たちが殺人犯として訴えた惟朝法師は、これまで無実を主張してきましたが、その惟朝の主張は、真実であったことになります。この場合、私はどうしたらよいでしょう。もし惟朝法師が殺人事件の容疑者として拷問にかけられるようなことにでもなれば、僧侶に拷問を受けさせた朝廷には、必ずや仏罰が下されることでしょう。そんなことから、これまでに集めた情報の全てを藤原道長殿にお伝えしようかとも考えました。昨夜は一睡もできなかったうえに、今も心中は不安で一杯です。こうなってしまっては、お教えいただく通りに身を処するしかありません」。

これによると、藤原行成邸の門前で検非違使に捕縛された但馬国の郡司たちは、四月二十四日・同二十五日の両日に渡って検非違使による取り調べを受けていたようだが、その取り調べの中で件の郡司たちが供述したのは、惟朝法師の殺人に関することであったらしい。どうやら、小一条院敦明親王が但馬国に所有する荘園の荘司を務める惟朝は、但馬国の郡司たちによって、殺人犯として告発されていたようなのである。当然、その告発に基づいて朝廷が但馬国に発給した逮捕状というのも、惟朝を殺人容疑者として捕らえることを命じるものであったろう。

ところが、行成が独自に入手した情報によれば、但馬国の郡司たちが惟朝法師によって殺されたと主張する人物は、死んではいなかった。殺人犯として告発された惟朝は、彼に対する逮捕状が朝廷によって発給されようとも、一貫して無実を主張し続けていたようなのだが、行成の知り得た限り、惟朝法師の語る言葉の中にこそ、真実があったのである。

したがって、行成の見るところ、惟朝を殺人犯として告発した但馬国の郡司たちが誣告の罪を犯していることは、まったく疑うべくもなかった。件の郡司たちの主張するところは、行成の判断によれば、事実無根の悪質な嘘でしかなかったのである。郡司たちが虚言を弄《ろう》して惟朝法師を殺人犯に仕立て上げようとしているというのが、行成の現状認識であった。

だが、惟朝法師が人を殺したと主張する郡司たちは、誣告の容疑者として逮捕されるに至っても、みずからの主張を取り下げようとはしなかった。また、それゆえに、殺人の嫌疑をかけられたままの惟朝は、いずれは検非違使によって拷問にかけられるはずであった。そして、この一件の真相を知る権大納言藤原行成は、朝廷に仏罰が下ることを危惧しなければならなかった。彼の理解するところ、罪のない僧侶を拷問にかけるような朝廷は、仏によって罰せられることを、けっして免れられないはずだったのである。

「密かに語りて」

このような事態に直面した権大納言藤原行成がどれほど心を乱していたかは、思い切って右大臣藤原実資に相談した折の「昨夜は一睡もできなかったうえに、今も心中は不安で一杯です」という言葉からもうかがうことができよう。大きな悩みを抱える行成は、夜も眠れなくなってしまっていたのであった。

だが、ひどく動揺していたはずの行成も、世間体を取り繕うことにかけては、冷静さを失っていなかった。あくまで外聞を気にする行成は、実資に悩みを打ち明けようとしながらも、実資との接触を周囲に察知されないよう、細心の注意を払っていたのである。

すでに触れたように、自邸に実資の養子の参議藤原資平を喚《よ》び出した行成は、その資平に口頭で相談を預けたわけだが、これは、相談の内容が書面に残ることを避けるための措置であったろう。また、行成が資平を喚び出したのは、大路《おおじ》にも小路《こうじ》にも人通りの少ない早朝のことであったようだが、ここにも、周囲の眼を気にする行成の性向が表れているように思われる。そして、資平に実資への言葉を聞かせる際の行成の様子は、「密《みそ》かに語《かた》りて」というものであったという。これは、資平より聞いた話として実資が『小右記』に記したところであるが、もしかすると、その日、朝早くから行成邸に喚び出された資平は、行成の他には誰もいない部屋に通されて、そこで耳打ちされるようにして行成より惟朝法師の無実や但馬国の郡司たちの誣告に関する話を聞かされたのかもしれない。

それでも、行成が資平を介して実資に伝えた「こうなってしまっては、お教えいただく通りに身を処するしかありません」という言葉には、おそらく、大きな悩みを抱える行成の本音が、偽るところなく率直に表現されていたのだろう。あくまで自己の体裁を保とうとしながら悩みを打ち明ける行成であったが、その心中にあったのは、恥も外聞もなく実資に縋《すが》りついてしまいたいという思いだったのではないだろうか。

ちなみに、藤原実資と藤原行成とは、元来、そうそう親しい間柄だったわけではない。いや、これ以前の両者の関係は、むしろ、かなり疎遠なものでさえあったように思われる。

確かに、若かりし日の実資は、行成の父親である藤原義孝《よしたか》と非常に親しかったとされている。行成が幼い頃に病死してしまった義孝であるが、『大鏡《おおかがみ》』によれば、実資の夢に顕《あらわ》れて「昔《むかし》は蓬萊《ほうらい》宮《きゅう》の裏《うら》の月《つき》に契《ちぎ》りしも、今《いま》は極楽界《ごくらくかい》の中《なか》の風《かぜ》に遊《あそ》ぶ」という詩句を口吟《くちずさ》んだのは、その早世した義孝だったのである。ここで義孝が実資の夢枕に立ったのは、もちろん、無事に極楽往生できたことを最も親しい友人に伝えようとしてのことであったろう。

だが、それにもかかわらず、義孝の親友であった実資と義孝の息子である行成との間には、親和的な関係が築かれることはなかった。実資の『小右記』からも、行成の『権記』からも、両者が親しく交友していた形跡は、まったく見出されないのである。

そして、そのとくに親しいわけでもない右大臣藤原実資のもとに内密の相談を持ち込んだという事実からすれば、その折の権大納言藤原行成は、本当に追い詰められた気持ちだったにちがいあるまい。

禅閤藤原道長の影

いずれにせよ、右大臣藤原実資が彼に泣きついてきた権大納言藤原行成に返したのは、『小右記』

によれば、次のような言葉であった。

「たとえ各自の家庭内のことであっても、禅閤藤原道長殿ならば、どこからか正確な情報を得ているかもしれません。ましてや、今回の誣告事件のような出来事についてとなれば、道長殿が何も知らないということはないでしょう。ですから、あなたが事件の真相を知っていながら何も報告しないというのは、かなりまずいことであるはずです。今からでも早急に禅閤殿に全てを申し上げるのがよいでしょう」。

この実資の返事から推し測るに、ここでの行成の苦悩の焦点は、どうやら、但馬国の郡司たちの行った告発が誣告であったという事実を禅閤藤原道長に打ち明けるべきか否かという点にあったらしい。

おそらく、行成の察するところ、惟朝法師に関する告発が誣告であったという情報は、その時点においてすでに道長の耳に入っているかもしれなかったのであり、かつ、行成が真相を把握しているということまでもが、道長の知るところとなっているかもしれなかったのだろう。そして、そう推測した行成が強く危惧したのは、そのまま道長に何も報告しないでいた場合、道長から故意に情報を隠匿《いんとく》していることを疑われかねないということだったのではないだろうか。

だが、当時の朝廷の事実上の最高権力者であった道長に例の一件に関する全てを話すというのは、その折の行成にとって、かなりの覚悟を要することであった。

右に見た右大臣実資から権大納言行成への返事を運んだのは、最初に両者の仲介をした参議藤原資平であったが、再び訪れた行成邸から実資のもとへと戻った資平は、またも行成からの言葉を預かっていたという。『小右記』によれば、それは、実資に向けられた次のような言葉であった。

「仰《おお》せのありましたこと、やはり、私もそのように考えます。つきましては、これから禅閤藤原道長殿のもとに伺《うかが》いまして全てを聞いていただく所存です。その結果として息子の実経が重く罰せられることになりましょうとも、誰かを恨むつもりはありません」。

ここで行成が息子の藤原実経に対する処罰に言及しているのは、すでに見たように、その頃、但馬国の統治の全てに責任を負うべき但馬守の任にあったのが、その実経であったからに他ならない。すなわち、行成の判断では、但馬国の郡司たちの行った例の告発について、それが誣告であったことが判明した場合、当の郡司たちのみならず、彼らを監督するべき立場にあった但馬守実経もまた、何らかのかたちで罰せられるはずだったのである。

この一件においては、無実の惟朝法師に対する逮捕状が朝廷から発給されていたが、その発給を申請したのは、但馬守を責任者とする但馬国府であった。ということは、但馬守を務める実経は、郡司たちと共謀していたにせよ、郡司たちに騙《だま》されていたにせよ、誣告に基づいて朝廷に逮捕状の発給を申請するという大きな過ちを犯したことになるだろう。

受領に転身した御曹司

長元《ちょうげん》九年（一〇三六）の十月二十九日、大勢の人々でごった返す一条大路《いちじょうおおじ》において、「太《ふと》りたる近江守《おうみのかみ》などは、人《ひと》に押《お》されなどして歩《あゆ》み行《ゆ》く」という少し異様で滑稽《こっけい》な光景が目撃された。その日、後朱雀《ごすざく》天皇が賀茂川《かもがわ》で禊祓《みそぎはらえ》を行うことになっていたため、その行列を見物しようとする人々が往来を混雑させていたのであったが、『栄花物語《えいがものがたり》』の伝えるところ、そこに姿を見せた近江守は、莫大な富を持つ受領国司としての贅沢《ぜいたく》な暮らしのゆえに、自分一人では歩くこともままならないほどに太ってしまっていたらしいのである。

当然、この太り過ぎの近江守は、多くの不正を働いて任国の人々を苦しめる悪徳受領であったろう。そして、この推測を裏づけるように、『本朝世紀《ほんちょうせいき》』という歴史書は、長元九年七月十一日のこととして、「近江国《おうみのくに》の百姓《ひゃくしょう》五六百人許《ごろっぴゃくにんばかり》の陽明門《ようめいもん》に参《まい》りて国司《こくし》の不治《ふち》の由《よし》を愁《うれ》ひ申《もう》す」という出来事を伝えている。「不治」というのは、悪政を意味する言葉であるが、王朝時代の受領による悪政というのは、要するに、不正の多い統治であったろう。

そして、ここに肥満体の悪徳受領として紹介した近江守は、実は、あの藤原実経に他ならない。円融《えんゆう》天皇の時代に摂政を務めた故藤原伊尹《これまさ》の曾孫《そうそん》として名門の上級貴族家に生まれた実経であったが、その父親の藤原行成の教育に問題があったのか、そろそろ四十歳になろうかという頃には、あまりにも受領らしい受領になりきってしまっていたのである。

藤原実経の官歴

寛弘7年正月	従五位下に叙される	（13歳）
11月	左兵衛佐に任命される	
8年11月	従五位上に叙される	（14歳）
長和元年正月	正五位下に叙される	（15歳）
某月	右近衛少将に任命される	
3年正月	従四位下に叙される	（17歳）
4年10月	従四位上に叙される	（18歳）
某月	民部権大輔に任命される	
5年某月	侍従の兼任を命じられる	（19歳）
治安2年正月	但馬守に任命される	（25歳）
万寿2年某月	但馬守の任期を延長される	（28歳）
長元4年某月	修理権大夫に任命される	（31歳）
8年正月	近江守に任命される	（35歳）

しかし、二十余歳で但馬守を拝命して初めて受領国司を務めることになる以前の実経は、まぎれもなく、摂政伊尹を曾祖父《そうそふ》に持ち権大納言行成を父親に持つ良家の御曹司《おんぞうし》であった。

実経が経験した最初の二つの官職は、兵衛佐《ひょうえのすけ》と近衛少将《このえしょうしょう》とであったが、これらは、王朝時代において、名門の若い子弟が帯びるにふさわしい華やかな官職であったらしい。もちろん、そんな官職を拝命する実経は、殿上人《てんじょうびと》として天皇に近侍することを許されていた。

また、実経が貴族の証である従五位下《じゅごいげ》の位階を授けられたのは、寛弘《かんこう》七年（一〇一〇）の正月のことであったが、そうして公式に貴族として扱われることになった折の実経は、いまだ十三歳になったばかりであった。しかも、『権記』が伝えるように、この実経の叙爵《じょしゃく》は、あの藤原道長の計らいによって実現したものであったから、当時の貴族社会の人々は、実経を将来の公卿《くぎょう》の一人と見なしていたのではないだろうか。

そして、そんな実経が二十歳を過ぎてから唐突に受領国司として生きることを選んだのであったが、当然のことながら、これが最初からうまくいくはずはなかった。

普通、中級貴族の家に生まれて受領の息子として育った人々であれば、受領国司を拝命する以前に、その父親のもとで何らかの実地訓練を積んでいるものであった。例えば、石見守《いわみのかみ》藤原頼方《よりかた》などは、若い頃、すでに第二章で紹介したように、かの尾張守《おわりのかみ》藤原元命《もとなが》の息子として、尾張《おわり》国で大事な経験をしていたのである。だが、上級貴族家の御曹司として育った実経には、受領に必要な素養を身につける機会など、少しもなかったにちがいあるまい。

そうした点からすれば、治安三年に発覚した誣告事件は、名門出身の若くて未熟な受領の任国において、起こるべくして起きた事件の一つだったのかもしれない。

不機嫌な禅閤

治安三年四月二十九日、右大臣藤原実資の『小右記』には、またも参議藤原資平によってもたらされた権大納言藤原行成の言葉が記されることになる。

「現在の心労は、本当にたいへんなものです。もちろん、その心労というのは、息子の但馬守実経に関わるものです。先日の朝、禅閤藤原道長殿のもとに伺い、知っていることの全てを申し上げました。しかしながら、そんなことをしましても、やはり、道長殿は不機嫌そうになさっておいででした。とはいえ、それも、もっともなことではあります。また、こうした次第ですから、私が次に朝廷に出仕したとき、上司たちも、部下たちも、私の姿を見れば、いろいろなことを囁《ささや》き合うにちがいありません」。

但馬守藤原実経の父親として例の誣告事件の真相を知っていた行成は、実資より全てを道長に話すように勧められた朝、ついに覚悟を決めて道長のもとに赴いたのだろう。そのときの行成は、あたかも警察に自首する犯罪者のような気持ちであったかもしれない。

しかし、そうした行成の心境とは無関係に、行成より報告を受けた道長は、ただただ機嫌を悪くするばかりであったらしい。が、当の行成が認めているように、これも、行成の自業自得でしかなかった。ここまでの行成のふるまいは、情報を隠匿するに等しいものだったのであり、結果として、誣告を幇助《ほうじょ》するのと変わらないものだったのである。

また、ここで行成が気にしていたのは、当時の朝廷を実質的に支配していた禅閤道長の機嫌ばかりではなかった。ついに彼自身や彼の息子に大きな非があったことを半ば公式に告白してしまった行成には、宮廷官人としての評判を落とすことが、どうにも気がかりだったのである。何かと外聞を憚《はばか》る権大納言行成にとって、貴族社会の全ての人々から白い眼を向けられるなどというのは、とても堪えられそうにない事態であった。

おそらく、行成が道長に告げた誣告事件の真相は、すぐにも朝廷に仕える人々の間に広く知れ渡ったことだろう。但馬国の郡司による告発が誣告であったという事実は、そして、その事実を権大納言行成と但馬守実経との父子が隠し続けていたという事実は、行成が道長のもとを訪れて間もなく、貴族社会の多くの人々の知るところとなったはずなのである。そして、この頃の貴族社会についてのほとんど唯一の記録である『小右記』を見る限り、道長に真実を話した行成は、それ以来、七月二十七日になるまで、一度たりとも出仕していない。体面を重んじる行成が三ヶ月余りもの長きに渡って不出仕を続けたとすれば、それは、やはり、朝廷において好奇の視線に晒《さら》されることを避けるためであったろう。

だが、そんなことがあったとすれば、朝廷では幾らかの不都合が生じていたかもしれない。というのは、権大納言藤原行成が事務処理に長《た》けた優秀な公卿だったからである。能吏《のうり》の権大納言が三ヶ月以上も出仕しなかったとなれば、朝廷の業務には少なからず支障が出ていたにちがいない。

そして、そうしたことが禅閤藤原道長の耳に入っていたとしたら、ここでもまた、行成の自己保身優先主義が道長の機嫌を損ねることになっていたのではないだろうか。

詭弁を弄する後一条天皇

いずれにしても、権大納言藤原行成の決断は、完全に遅きに失していた。というのは、すでに何ヶ月にも渡って公式に殺人の容疑者として扱われてきた惟朝法師は、今になって行成の口から真実が語られたところで、もはや、そう簡単には釈放してもらえそうになかったからである。

確かに、朝廷が惟朝についての逮捕状を発給したのは、但馬国府からの申請に基づいてのことであり、また、但馬国の国府が朝廷に件の逮捕状の発給を申請したのは、同国の郡司たちの虚偽の告発に基づいてのことであった。が、地方豪族に軽く手玉に取られたなどということを公式に認めるわけにはいかない朝廷は、真相が判明したとしても、おいそれと惟朝に対する嫌疑を取り下げるわけにはいかなかった。惟朝に対する嫌疑を逮捕状の発給というかたちで公式に表明してしまった朝廷としては、もう引っ込みがつかなかったのである。自己の権威を守ることに固執する朝廷は、それが不当なことであることも承知のうえで、とにかく惟朝を殺人容疑者として扱い続けようとしたのであった。

それゆえ、ここに至っても、惟朝法師が殺人事件の容疑者として拷問にかけられる可能性は、いまだ十分に残されていた。『小右記』によれば、治安三年の五月二日、関白藤原頼通から右大臣藤原実資へと、次のような指示が飛んでいたのである。

「惟朝法師を拷問する必要があるだろうか。明法博士《みょうぼうはかせ》に命じて検討させよ」。

明法博士というのは、王朝時代の朝廷における司法関係の専門職であるが、その明法博士に惟朝に対する拷問の是非を諮問《しもん》した関白頼通は、当然、本当に惟朝を拷問にかけることをも視野に入れていたことだろう。また、頼通からの指示をそのまま部下に伝えた右大臣実資も、拷問の苦痛に顔を歪《ゆが》ませる惟朝の姿を、ありありと想像していたかもしれない。

そして、その四日後の五月六日、明法博士から朝廷へと提出された答申書は、『小右記』によると、惟朝に対する拷問を肯定するものであった。この期に及んで明法博士が惟朝の無実を承知していなかったとは思えないのだが、おそらく、そこには、朝廷の権威を守ることを優先した政治的な判断が働いていたのだろう。

だが、誰にとっても幸いなことに、結局のところ、惟朝法師への拷問が実施されることはなかった。朝廷が無実の僧侶を拷問するという罰当たりな事態は、すんでのところで回避されたのである。そして、これを決断したのは、朝廷の本来の主である後一条天皇であった。五月十日の『小右記』によれば、事態を憂慮した後一条天皇が、争点をはぐらかすことによって、朝廷の権威を守りつつも、惟朝に対する嫌疑を取り消したのである。

ここで後一条天皇が持ち出した論理においては、但馬国の郡司たちの行った告発が誣告であるか否かは、まったく問題にされることがなかった。天皇が眼を着けたのは、件の告発が手続きのうえで幾つかの問題を抱えているという点だったのである。告発の手続き上の不備などという些細なことを今になって敢えて取り沙汰する後一条天皇は、ただただ泥沼化するばかりであった不祥事を、全てを不問に付すことで解決したかったのかもしれない。

釈放の理由

ただし、すでに真相を把握していたらしい後一条天皇は、明らかに誣告の罪を犯していた但馬国の郡司たちに対しては、しっかりと釘を刺していた。例の告発を手続き上の不備のゆえに無効とすることを発令した天皇は、その折、次のようにも命じることを忘れなかったのである。

「もしそれでもまだ但馬国の郡司たちが惟朝法師についての告発を取り下げようとしないならば、そのときには拷問を行うしかあるまい。ただし、惟朝を殺人の容疑者として拷問したならば、必ずや郡司たちをも誣告の容疑者として拷問することになるであろう」。

『小右記』によれば、このような勅裁《ちょくさい》が示されるに先立ち、問題の七人の郡司たちは、非公式にみずからの罪を認めていたらしい。すなわち、惟朝法師についての告発が誣告であることを認めはじめていたようなのである。そして、右大臣藤原実資の見るところ、後一条天皇が事態の収拾に乗り出したのは、こうした動向を踏まえてのことであったらしい。とすれば、ここでは、事実上、ある種の司法取引が行われたと考えてもいいだろう。

それにしても、これほどの手腕を見せた後一条天皇は、実のところ、かなりの名君だったのかも

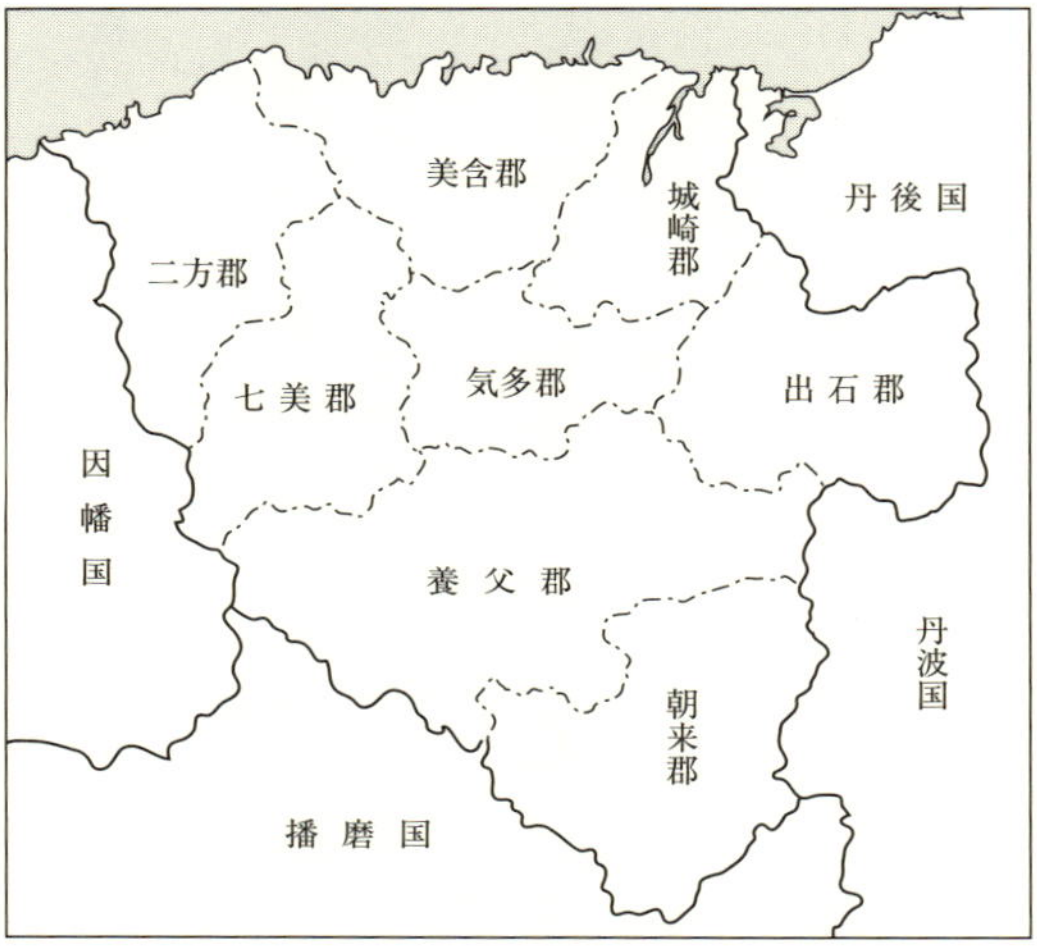

但馬国

しれない。寛弘五年（一〇〇八）の九月に一条天皇の第二皇子として誕生した後一条天皇は、治安三年（一〇二三）には数え年でも十六歳にしかなっていなかったわけだが、その年齢にして右の如き判断を下したのであるから、この天皇が為政者として優秀であったことは間違いあるまい。あるいは、右に見た勅裁の背後には、老獪《ろうかい》な禅閤藤原道長の意思があったのだろうか。

しかし、いずれにせよ、ここで後一条天皇の勅裁として示された解決策も、その全てがただちに実現されたわけではなかった。『小右記』に見る限り、惟朝法師の無罪放免が決定されたのは、天皇が英断を下してから十日以上も後の五月二十三日のことだったのであり、また、但馬国の七人の郡司たちについて一応の釈放が詮《せん》議《ぎ》されたのは、それからさらに十日ほどが経った六月二日のことだったのである。

ただ、とくに但馬国の郡司たちに関して言えば、朝廷が彼らの釈放の決定に手間取ったのは、おそらく、その釈放を正当化する論理を探しあぐねていたためであろう。その威光を天下に広く知らしめなければならない朝廷としては、今まで容疑者として拘束していた郡司たちを解放するにあたり、何か朝廷の徳やら恩やらが感じられるような立派な理由を並べたかったのだろうが、この場合には、さすがにそれが難しかったのかもしれない。

そして、関白藤原頼通がついに採用を決定したのは、次のような理屈であったという。

「但馬国朝来《あさこ》郡の農業および養蚕は、同国の他の諸郡のそれと比べても、はるかに優れているとのことである。ところが、その朝来郡の郡司たちは、現在、都に上ってしまっており、郷土の産業に従事することができない。しかし、今は農繁期であるから、法の適用を弱めることとして、件の郡司たちに帰郷を許すこととする」。

だが、問題の七人の郡司たちは、本当に朝来郡の郡司だったのだろうか。

安易で不透明な決着

この間、自宅に蟄居《ちっきょ》して事態の成り行きを見守っていた権大納言藤原行成は、惟朝法師の無罪放免が決定されたことを知ったとき、ほっと胸を撫《な》で下ろしたことだろう。これによって、彼の身勝手が朝廷に仏罰をもたらす可能性は、完全になくなったはずなのである。また、後一条天皇の機転によって、惟朝の罪科を問わずとも、朝廷の権威が損われずにすんだのであるから、貴族社会の人々の行成に対する視線も、多少は冷たくなくなるはずであった。もちろん、禅閤藤原道長の行成に対する感情も、幾らかは和らいだことだろう。

ただ、それでもなお、治安三年五月二十三日、惟朝法師の無罪放免の確定を知った時点の行成は、もう一つだけ、けっして小さくはない心痛の種を抱えていた。その息子である但馬守藤原実経がどのように処断されるかが、いまだまったく見えていなかったのである。

但馬国の郡司たちによる誣告事件を調査していた朝廷が、初めて但馬守実経に対する取り調べを行ったのは、五月二十一日のことであった。同日の『小右記』に「今日《きょう》、使庁《しちょう》に於《お》いて但馬国司《たじまのこくし》を勘問《かんもん》す」と見えるように、その取り調べというのは、検非違使庁において行われたものであったから、当然、直接に実経への尋問にあたったのは、犯罪捜査を主要な職掌の一つとする検非違使たちであったろう。そして、このことは、実経が犯罪容疑者として扱われていたことを意味している。

この取り調べの折に作られた調書は、その翌日、右大臣藤原実資によって確認された後、関白藤原頼通のもとに届けられていた。ということは、藤原実経が但馬国の受領国司として誣告事件にどう関与していたかということは、惟朝法師の無罪放免が確定するより早く、朝廷によって把握されていたことになるだろう。

しかし、実経の処分が確定するのは、これより十日も後のことであった。その頃、みずからの威光を曇らせることなく惟朝や例の七人の郡司たちを釈放する手順を考えることに忙しかった朝廷は、にわかに容疑者として扱うことになった実経などには、あまり構っていられなかったのかもしれない。そして、六月二日、さんざん悩んだ末に農業振興を口実として郡司たちを釈放することを決めた関白藤原頼通は、そのついでのようにして、かなり安易に但馬守実経の職務を停止することをも決定したのであった。

ここで関白頼通の判断を「安易」と評するのは、その後の展開を見ても、彼に本気で実経を処罰する気があったようには見えないからに他ならない。『小右記』によれば、実経の停職処分を決定した折の頼通は、「国司《こくし》の罪科《ざいか》は軽《かろ》からず」などと言っていたものの、その頼通が決めた実経の停職は、それからわずか一ヶ月ほどで解除されてしまうのである。

当然、この決定に関しても、その背後に禅閤藤原道長の意思が働いていたことが考えられようが、そうであったとしても、当時の朝廷に但馬守実経の責任を厳しく追及する姿勢がなかったことに変わりはあるまい。そもそも、道長の主導する朝廷は、実経が例の誣告事件にどこまで関与していたかということさえ、究明したがらなかったのである。だからこそ、実資の『小右記』からも、この点についての情報を得ることができないのだろう。

5 謀反人《むほんにん》と癒着《ゆちゃく》して私腹《しふく》を肥《こ》やす

地方豪族と癒着する受領たち

　但馬《たじま》国の七人の郡司《ぐんじ》たちが誣告《ぶこく》事件を起こしたことに関連して朝廷から軽く咎《とが》められた但馬守藤《たじまのかみふじ》原実経《わらのさねつね》は、その任国の少なくとも一部の豪族たちとは、かなりうまくやっていたのだろう。右の事件において郡司たちの行った誣告を正当な告発として朝廷に上申する役割を担った但馬守実経は、ただたんに郡司たちに騙《だま》されて利用されていただけであったにせよ、何らかの利益を得るために郡司たちと共謀していたのであったにせよ、郡司を公職とする在地の有力豪族たちとの間に、ある程度の信頼関係を築いていたはずなのである。

　そして、受領国司が任国の豪族たちと友好的な関係を持つというのは、王朝時代において、必ずしも珍しいことではなかった。確かに、尾張守《おわりのかみ》藤原元命《もとなが》の場合など、その任国の豪族たちとの関係は、それ以上にはこじれようのないほどに険悪なものであったろう。元命が豪族たちから毛嫌いされる悪徳受領であったことは、すでに第二章に詳しく見た通りである。しかし、王朝時代の現実を広く見渡すならば、悪徳受領と見なされるような受領たちでさえ、その全てがつねに任国の豪族たちの全てを敵に回していたというわけではない。

いや、悪徳受領たちの場合、むしろ、悪徳受領であるがゆえに、国府《こくふ》の業務に携わる一部の豪族たち――国司や書生《しょせい》や郡司を公職とする面々――と誼《よしみ》を通じておいた方が、かえって都合がよかった。簡単に言ってしまえば、力任せに任国の全ての豪族たちから財を巻き上げるという乱暴なことをするよりも、一部の有力豪族たちを抱き込んだうえで残りの豪族たちから苛酷《かこく》に搾取《さくしゅ》した方が、はるかに効率的に富を集積することができたのである。

そうした事情からすれば、自国を治める受領国司の善政を顕彰《けんしょう》する地方豪族たちというのは、かなりの程度に胡散臭《うさんくさ》い。はるばると地方諸国から上京した豪族たちが大内裏《だいだいり》の門前で自国の受領の治績を喧伝《けんでん》するというのは、王朝時代において珍しいことではなかったが、そのようなふるまいを見せた豪族たちは、悪徳受領と癒着《ゆちゃく》することを選び、郷土の他の豪族たちを裏切っていたのかもしれない。

例えば、長元《ちょうげん》元年（一〇二八）の八月二十三日、大内裏の門前にて備前守某《びぜんのかみなにがし》を顕彰する「備《び》前国《ぜんのくに》の百姓《ひゃくしょう》」たちの姿が観察されたが、その翌月の七日の『小右記《しょうゆうき》』によれば、備前守の善政を喧伝するために上京した備前国の豪族たちの一人は、明らかに、地方在住の善良な農業経営者などではなかった。彼の父親は、朝廷から「海賊《かいぞく》の首《おびと》」あるいは「海賊《かいぞく》の長者《ちょうじゃ》」と見なされていた人物だったのである。また、「美濃国《みののくに》の百姓《ひゃくしょう》数百人《すうひゃくにん》の陽明門《ようめいもん》に於《お》いて守《かみ》源《みなもとの》遠資《とおすけ》の任《にん》を延《の》ぶるの由《よし》を申《もう》し請《こ》ふ」というのは、『日本紀略《にほんきりゃく》』の伝える永延《えいえん》元年（九八六）七月二十六日の出来事であるが、ここで美濃守源遠資の任期延長を朝廷に願い出ている美濃国の豪族たちも、もしかすると、遠資が不正に得る汚い利益のおこぼれにあずかり続けようとする売郷奴《ばいきょうど》たちだったのではないだろうか。

とすると、王朝時代、任国の全ての豪族たちを無闇に抑圧するような受領国司は、かなり頭の悪い悪徳受領であったにちがいない。そして、切れ者の悪徳受領というのは、任国の一部の豪族たちとの間に、悪い意味での親密な関係を構築するものであったらしい。

因幡守藤原惟憲の善政

藤原惟憲《これのり》という人物は、寛弘《かんこう》二年（一〇〇五）の正月に因幡守《いなばのかみ》の任期を満了した頃、都の貴族社会においては、荒廃していた任国をみごとに復興させた優秀な受領国司として、かなり高く評価されていたらしい。藤原惟憲といえば、本書の第一章には皇族詐称事件の黒幕として登場した不心得者であり、大宰大弐《だざいだいに》在任中には「鎮西《ちんぜい》の国々《くにぐに》にあった財宝を一つ残らず掠奪《りゃくだつ》した」という貪欲《どんよく》な悪徳受領である。長元《ちょうげん》二年（一〇二九）七月十一日の『小右記』が「もはや、恥を忘れたかのようである」と非難するのは、まさに悪徳受領としての大宰大弐藤原惟憲に他ならない。だが、その同じ藤原惟憲が因幡守として因幡《いなば》国を荒廃の中から救い出したというのは、当時の朝廷が公式に認めているところなのである。

現代において「平松文書《ひらまつもんじょ》」と総称されているのは、桓武平氏《かんむへいし》の末裔《まつえい》とされる平松家に伝来して今は京都大学に保管されている一群の文書なのだが、その平松文書の一通として知られるものに、寛弘二年（一〇〇五）四月十四日の日付を持つ公卿《くぎょう》会議の議事録の写しがある。寛弘二年の四月十四日、朝廷において公卿会議が開かれていたことは、その頃には参議《さんぎ》であった藤原行成《ゆきなり》の『権記《ごんき》』によって容易に確認されるものの、その折に参議行成の巧みな筆で記されたのであろう議事録の原本は、残念ながら、現存を確認されていない。ただ、幸いにして、その写しだけは、平松文書として今に伝わったのである。

そうして写しとして残された議事録によれば、寛弘二年四月十四日の公卿会議において話し合われたのは、地方諸国から朝廷へと上げられた種々の申請への対応のしかたであった。その頃、公卿会議こそを実質的な意思決定機関とする朝廷には、地方行政に関する合わせて十二件もの事案が上申されていたのである。そして、それぞれに二件から五件の申請を出して朝廷の判断を仰《あお》いだのは、大宰大弐藤原高遠《たかとお》・上野介《こうずけのすけ》橘忠範《たちばなのただのり》・加賀守《かがのかみ》藤原兼親《かねちか》・因幡守橘行平《ゆきひら》の四名の受領国司たちであった。

ここに因幡守として登場する橘行平は、言うまでもなく、藤原惟憲の後任の因幡守であるが、その因幡守行平が任国に赴任して間もなくに朝廷に申請したことの一つは、国力回復を目的とする減税であった。すなわち、寛弘二年の正月に因幡守を拝命した行平は、下向して任国の様子を実見するや、税の一部を最初の一年間は徴収しないことの許可を、自身を因幡国の受領国司に任命した朝廷に対して、丁重に要求したのである。

だが、この行平の減税策は、件《くだん》の公卿会議において、あっさりと却下されてしまう。議事録によれば、「彼《か》の国《くに》は前司惟憲《ぜんじこれのり》の任中《にんちゅう》に興復《こうふく》の由《よし》、遍《あまね》く其《そ》の聞《き》こえ有《あ》り。申請《しんせい》の旨《むね》は専《もっぱ》ら其《そ》の謂《い》はれ無《な》し」というのが、その議決理由である。会議に出席した公卿たちは、「因幡国の国力が前因幡守藤原惟憲の尽力によって十分に回復したことは、誰もが知っている。行平の申請する減税には、まったく妥当性がない」との見解で一致したのであった。

そして、ここで公卿たちが示した共通見解は、おそらく、当時における朝廷の公式見解だったのだろう。その頃の朝廷は、前因幡守藤原惟憲によって成し遂げられたとされる因幡国の復興に対して、非常に高い評価を与えていたにちがいない。

一条朝の公卿たち

王朝時代に「公卿」もしくは「上達部《かんだちめ》」と呼ばれたのは、参議以上の官職あるいは従三位《じゅさんみ》以上の

寛弘二年四月の公卿たち

藤原道長	左大臣
藤原顕光	右大臣
藤原公季	内大臣
藤原道綱	大納言
藤原懐忠	大納言
藤原実資	権大納言
平惟仲	中納言
藤原時光	中納言
藤原公任	中納言
藤原斉信	権中納言
源俊賢	権中納言
藤原隆家	権中納言
…………	…………
藤原有国	参議
藤原懐平	参議
菅原輔正	参議
藤原忠輔	参議
藤原行成	参議
藤原正光	参議
平親信	正三位
藤原高遠	従三位
源憲定	従三位
藤原兼隆	従三位

位階を持つ男子であったが、寛弘二年四月の時点では、全部で二十二名の貴族男性たちが、公卿として一条天皇の朝廷に仕えていた。そして、その二十二人のうちから同月十四日の公卿会議に出席したのは、議事録によると、左大臣《さだいじん》藤原道長《みちなが》・右《う》大臣《だいじん》藤原顕光《あきみつ》・内大臣《ないだいじん》藤原公季《きんすえ》・権大納言《ごんのだいなごん》藤原実資《さねすけ》・中納言《ちゅうなごん》藤原公任《きんとう》・中納言藤原時光《ときみつ》・権《ごんの》中納言《ちゅうなごん》藤原斉信《ただのぶ》・参議藤原有国《ありくに》・参議藤原懐《かね》平《ひら》・参議藤原行成の十名であった。

ちなみに、このとき、過半数の公卿が会議に参加していないものの、それは、王朝時代において、必ずしも異常なことではない。現に、寛弘二年四月十四日の公卿会議は、会議が成立するための条件を、まったく申し分なく満たしていたのである。そして、それは、実質的に朝廷を主導する立場にあった左大臣道長が出席していたうえ、権大納言実資・中納言公任・権中納言斉信・参議有国・参議懐平・参議行成といった有能な公卿たちが列席していたからに他ならない。

そもそも、当時において公卿会議の成否を決めたのは、何人の公卿が出席するかということではなく、どの公卿が出席するかということであった。王朝時代の公卿会議が十全に機能するためには、参加公卿の人数よりも、参加公卿の顔ぶれの方が、はるかに重要な条件だったのである。

そうした意味では、無能なことで知られる右大臣顕光および内大臣公季などは、その場にいなくてもまったく問題はなかったはずであり、それどころか、むしろ、欠席していた方がよかったのかもしれない。もしも、件の会議において、制度上は左大臣道長に次ぐ地位にあった顕光や公季が、愚《ぐ》にも付かない意見を強硬に主張するような場面でもあったならば、道長はともかく、権大納言実資以下の面々は、さぞかしやりにくかったにちがいあるまい。

したがって、この日の会議を欠席した大納言《だいなごん》藤原道綱《みちつな》は、彼にしては賢明な判断をしたことになるのだろう。『蜻蛉日記《かげろうにっき》』の作者の大切な大切な一人息子として知られる道綱であるが、その母親の育て方に問題があったのか、非常に能力の低い公卿だったらしいのである。長和二年二月三日の『小右記』などは、道綱を評して、「素飡《そしょく》の尸位《しい》」――「無駄飯喰《むだめしぐ》い」という言葉さえ使っている。そんな大納言道綱が顕光・公季と並んで会議に顔を出していたとしたら、彼らより上座にあった左大臣道長でさえ、どれだけ困惑したことだろうか。

それにしても、当時の公卿たちの顔ぶれを再確認してみると、一条《いちじょう》天皇の時代の朝廷というのは、ずいぶんとひどい状態にあったものである。第二席から第四席までの公卿たちが無能のレッテルを貼《は》られた面々であったというのは、公卿会議こそが朝廷の事実上の意思決定機関であったことを考えると、かなり恐い話なのではないだろうか。現代の日本ならば、財務《ざいむ》大臣・外務大臣・経済産業大臣あたりの人選に誤りがあるようなものであろう。

だが、それにもかかわらず、一条天皇の朝廷は、後世、数多《あまた》の優秀な人材に恵まれた理想の朝廷として語り継がれていくことになる。これは、実資や行成などが顕光・公季・道綱などの愚を補って余りあるほどに優秀だったことを意味するのかもしれない。

復興の虚実

いずれにせよ、寛弘二年の四月十四日に開かれた公卿会議は、幾人もの有能な公卿たちが出席していたという意味において、当時としては十分にまともな公卿会議だったわけだが、そこで固められた朝廷の意思の一つは、因幡守橘行平から申請のあった因幡国における特別減税に認可を与えないというものであった。

すでに触れたように、因幡守行平が朝廷に減税策の承認を求めたのは、件の公卿会議の議事録に見る限り、因幡国の衰弱した国力を回復させようとしてのことに他ならなかった。受領国司として因幡国の統治に責任を負う行平は、朝廷に減税策を上申するにあたり、任国の復興を大義として掲げていたのである。

しかし、左大臣藤原道長を中心に権大納言藤原実資・中納言藤原公任・権中納言藤原斉信・参議藤原行成といった当時を代表する有能な公卿たちが集まった会議は、因幡守行平の復興策を承認しようとはしなかった。件の会議に出席していた公卿たちの理解するところ、その頃の因幡国には、復興策など必要ないはずだったのである。「彼の国は前司惟憲の任中に興復の由、遍く其の聞こえ有り」――「因幡国の国力が前因幡守藤原惟憲の尽力によって十分に回復したことは、誰もが知っている」というのが、道長以下の公卿たちによって共有されていた因幡国に関する現状認識であった。

だが、寛弘二年の正月まで因幡守の任にあった藤原惟憲は、本当に因幡国の国力を十分に回復させていたのだろうか。都の貴族社会の人々が信じて疑わなかった前因幡守惟憲による因幡国復興は、本当にまぎれもない事実だったのだろうか。そして、惟憲の後任の因幡守となった橘行平によって立案された復興策は、本当に不必要なものだったのだろうか。

結論から言うならば、因幡守藤原惟憲が荒廃した一国を立て直すだけの才覚を有していたというのは、常識的に考えて、まずあり得ないことであろう。また、橘行平の因幡守としての判断が間違っていたということも、普通に考えて、まずあり得ないだろう。

因幡守橘行平が赴任する様子（『因幡堂薬師縁起』より）

確かに、応和《おうわ》三年（九六三）に生まれた惟憲は、長保《ちょうほ》三年（一〇〇一）の正月に因幡守を拝命したとき、すでに三十九歳にもなっていた。また、寛和《かんな》元年（九八五）に叙爵《じょしゃく》にあずかった惟憲は、その後の十六年間に着実に正五位下《しょうごいげ》にまで昇進していた。

　ところが、それにもかかわらず、因幡守に任命される以前の惟憲には、まともな官歴が確認されないのである。わずかに近江掾《おうみのじょう》・大蔵少輔《おおくらしょう》・大《おお》蔵大輔《くらたいふ》などを務めたらしいことが知られるものの、これらの官職は、王朝時代において、ほとんど実質のない名目的なものでしかない。したがって、因幡守に就任した時点での惟憲は、受領国司として新人であったばかりか、官人としてさえもほとんど新人のようなものだったのである。

　一方、その惟憲より因幡守の職務を引き継いだ橘行平は、駿河守《するがのかみ》・常陸介《ひたちのすけ》を歴任した古参の受領国司であった。しかも、寛弘二年二月二十九日の『御堂関白記《みどうかんぱくき》』によって知られるように、駿河《するが》国や常陸《ひたち》国での治績を評価されて従四位下《じゅしいげ》に叙《じょ》された行平は、地方統治に長《た》けた非常に優秀な受領に他ならなかった。

不器用な能吏

もちろん、因幡守橘行平の持ち出した減税策が私腹を肥《こ》やすための策謀にすぎなかったということも、まったく可能性がないわけではない。朝廷に減税を認可させておきながら例年通りに徴税を行うというのは、王朝時代の受領国司たちにとって、財を成すうえでの最も初歩的な手法だったのである。すでに駿河守や常陸介を歴任していた古受領《ふるずりょう》の行平ならば、当然、その程度のことは十分に承知していたことだろう。

ただ、橘行平という人物は、受領国司として実際に優れた手腕を発揮していたにもかかわらず、受領として生きていくことには不向きな中級貴族であったように思われる。もっと言ってしまえば、橘行平という中級貴族は、世渡りのために良心を犠牲にすることのできない、かなり善良な人物だったようなのである。

受領国司が普通には正月に任命されるものであったことは、すでに第三章で触れた通りだが、そうして通常の任命手続きによって新年早々に国守あるいは国介の官職を得た新任の受領たちは、その年の三月中には任国に向けて旅立つものであった。したがって、王朝時代の新任受領たちは、赴任の準備をするのに二ヶ月ほどを要したことになるわけだが、この約二ヶ月間、ただただ門出の準備だけをしていたわけでもない。そうした準備の合間を縫うようにして、公卿たちの邸宅を次々と訪問していたのである。

新任受領が赴任に先立って公卿たちのもとを訪れたのは、建前としては、都を離れることについての挨拶《あいさつ》をするためであった。が、本当のところは、何らかの失策——その代表は不正行為の露見であろうか——を犯してしまった場合に備えて、保険をかけておこうとしていたのかもしれない。挨拶と称して公卿たちに近づく新任受領たちは、朝廷の意思決定機関の中に庇護者なり支援者なりを確保しておこうとしていたのではないだろうか。

ところが、因幡守橘行平には、そうした姑息《こそく》な行動は見られなかったらしい。すなわち、行平と同じく寛弘二年の正月に新任の受領国司となった阿波守《あわのかみ》藤原伊祐《これすけ》・尾張守藤原中清《なかきよ》・下野守《しもつけのかみ》安部《あべの》信行《のぶゆき》・加賀守藤原兼親の四名などは、『小右記』に明らかなように、同年二月の二十五日から二十九日にかけて、代わる代わるに権大納言藤原実資の邸宅を訪れて挨拶を言上しているのだが、因幡守行平に関しては、そのような行動がまったく確認されないのである。おそらく、行平が公卿たちに媚《こび》を売って歩く姿というのは、当時の貴族社会において、誰も眼にし得ないものの一つだったのだろう。

なお、右に登場した加賀守兼親は、悪徳受領であった可能性が高い。というのは、例の寛弘二年四月十四日の公卿会議の議事録によれば、その頃の加賀国は「彼の国《かのくに》は殊《こと》に亡弊《ぼうへい》の聞《き》こえ無《な》し」という状態であったにもかかわらず、二年間の特別減税を朝廷に認可させようとしていたからである。もちろん、そんな減税策が承認されることはなかったが、ここで兼親が見せた厚かましさは、まさに悪徳受領のそれであろう。そして、それは、現に荒廃が取り沙汰《ざた》されていた因幡国についてさえ、わずか一年間の減税策を上申するのみであった因幡守行平の不器用さとは、けっして両立し得ない資質なのではないだろうか。

混乱のはじまり

それでも、都に住む貴族社会の人々の多くが信を置いたのは、因幡守橘行平ではなく、前因幡守藤原惟憲であった。寛弘二年四月十四日の公卿会議が「彼の国は前司惟憲の任中に興復の由、遍く其の聞こえ有り。申請の旨は専ら其の謂はれ無し」——「因幡国の国力が前因幡守藤原惟憲の尽力によって十分に回復したことは、誰もが知っている。行平の申請する減税には、まったく妥当性がない」との判断を示したことは、すでに見た通りである。実際に因幡国の現状を見たわけではない人々のほとんどは、因幡国の完全復興を喧伝する惟憲の報告に喜び、なおも因幡国に復興策を導入しようとする行平の申請に眉《まゆ》をひそめたのであった。

ところが、それからしばらくの後、それまで前因幡守惟憲の主張する治績を固く信じていた人々は、少しばかりばつの悪い事態に直面することになる。すなわち、惟憲が因幡国より帰京すると同時に、惟憲の因幡守としての仕事ぶりに何らかの問題があったことが疑われはじめたのである。

かの『更級日記《さらしなにっき》』から知られるように、治安《じあん》元年（一〇二一）の正月に上総介《かずさのすけ》としての任期満了を迎えた前上総介菅原孝標《すがわらのたかすえ》が任地を離れたのは、同年の九月に入ってからのことであった。つまり、『更級日記』の作者の父親は、上総《かずさ》国の受領国司の任期を終了した後も、半年以上にも渡って上総国に留まり続けていたわけだが、それは、後任者への引き継ぎをすませるまでに多くの時間を要したためであった。王朝時代においては、正月に任命された新任受領が実際に任国の土を踏むのは、普通、その年の三月を過ぎてからのことであったため、当然、前任受領が新任受領への引き継ぎをはじめられるのは、四月に入った頃からにならざるを得なかったのである。しかも、受領国司の任務の引き継ぎというのは、きちんとやればどうしても三ヶ月や四ヶ月はかかるような、実に煩雑なものであった。

したがって、寛弘二年の正月に任期を終えた前因幡守藤原惟憲も、すぐに都に帰ることができたわけではなかった。例の減税策を上申したという事実からすれば、新たに因幡守となった橘行平は、どんなに遅くとも同年四月の初頭には因幡国に赴任していたものと思われるが、行平が着任して早々に国務の引き継ぎがはじまっていたとしても、やはり、その年の七月を過ぎる頃までは、前因幡守惟憲が帰京できるはずはなかったのである。

そして、多大な時間をかけて行平に任務を引き継いだ惟憲は、同年の秋が終わらないうちには都に戻ることができたものと思われるが、それは、彼にとって、どうにも体裁の悪い帰洛となった。というのは、都に帰った惟憲は、行平から解由状《げゆじょう》を与えられなかったことについて、ただちに左大臣藤原道長に泣きつかなければならなかったからに他ならない。

王朝貴族が「解由状」と呼んだのは、受領国司が問題なく任務を終了したことを証明する公文書であるが、それは、後任の受領国司から前任の受領国司へと与えられるものであった。そして、その解由状が発行されないということは、王朝時代において、新任受領が前任受領の行った業務に問題点を見出したということと、ほとんど同義だったのである。

力任せの隠蔽工作

ただし、それからほどなく、藤原惟憲の因幡守としての働きぶりに関する疑問は、貴族社会の人々にとって、けっして公然とは話題にできない事柄の一つになってしまう。当時において朝廷の事実上の最高権力者であった左大臣藤原道長が、なりふり構わずに惟憲を擁護《ようご》しようとする姿勢を見せたためである。

このとき、とにかく惟憲の立場を正当化しようとする道長が、どれだけ強引で露骨な隠蔽《いんぺい》工作を行ったかは、寛弘二年十二月二十九日の『御堂関白記』に見える次のような記述からも、ある程度はうかがい知ることができよう。

「前任の因幡守が現任の因幡守から解由状をもらえずにいる件について、今の因幡守である橘行平は、『この一件に関する朝廷による審問などは、取り止めてしまってください。どうしても私の前任者の仕事ぶりに問題がなかったということになさりたいのであれば、いっそのこと、陛下《へいか》に奏上《そうじょう》して勅許《ちょっきょ》をいただいてはいかがでしょうか』などと申している。しかし、これは、どうにも奇妙な言い分であろう。やはり、前因幡守の藤原惟憲が申すことの方にこそ、正当性があるのではないだろうか。その惟憲は、繰り返し問題の有無を尋ねられても、とくに何も申してはいないのである。そこで、すぐにも惟憲に解由状を与えるよう、朝廷の意思として行平に命じたところ、行平もついに惟憲に解由状を与えたのであった」。

これによれば、因幡守橘行平が前因幡守藤原惟憲に解由状を与えなかったことを知った朝廷は、行平を都に召還して審問を行おうとしたらしい。もちろん、それは、公卿会議において決定されたことであったろうが、審問を通じて事情を把握しようとするというのは、惟憲の治績に疑問を持ちはじめた公卿たちの判断として、けっして的外れなものではあるまい。

だが、その審問が実際に行われることはなかった。当の因幡守行平が、頑《がん》として審問に応じようとしなかったのである。おそらく、行平にしてみれば、惟憲の因幡守としての業務に問題があったというのは、まったく疑う余地のないことだったのであろう。そして、それゆえに、この件に関する審問のために都に戻ることなど、時間の無駄でしかなかったのだろう。また、有能な受領国司だった行平のことであるから、もしかすると、惟憲に非があったことの動かぬ証拠を、すでに朝廷に突きつけていたのかもしれない。

そして、行平が審問を拒否したことに好機を見出したのが、惟憲を庇《かば》おうとしていた左大臣藤原道長であった。惟憲に対する疑惑を早々に封じ込めてしまいたかった道長は、その思惑を力任せに実現するにあたり、行平の不器用な善良さを最大限に利用したのである。すなわち、行平から直接に詳しい事情を聴取する機会を失った公卿たちに対して、「前因幡守の藤原惟憲が申すことの方にこそ、正当性がある」との見解を押しつけたうえで、公卿たちを味方につけようとしなかった行平に対して、「すぐにも惟憲に解由状を与えるよう、朝廷の意思として行平に命じた」という威圧的な態度をとったのであった。

口を噤《つぐ》む公卿たち

この一件において因幡守橘行平が前因幡守藤原惟憲に解由状を与えることに消極的であったのは、もしかすると、因幡国において惟憲が行平に引き渡した国府の公有財産に何らかの問題が見つかったためであったかもしれない。

ここに「国府の公有財産」と呼ぶものの多くは、国府の倉庫に納められているべき米であった。それは、国府が国務を行ううえでの財源となるべき米であり、例えば、国府の行う公的融資の元資として用いられたりしたのである。そして、こうした財は、国府に置かれた帳簿によって、かなり厳密に管理されているはずであった。

ところが、王朝時代の地方諸国においては、国府の公有財産の欠損が判明することも、けっして珍しくはなかった。そして、そうした問題が発覚するのは、多くの場合、前任受領から後任受領への任務の引き継ぎが行われた折であった。前任受領から公有財産の帳簿を渡された後任受領は、必ず帳簿と現物との突き合わせを行うものであったが、そうした手続きが進められるうち、現物の不足が見つかることがあったのである。

そして、前任受領から国務を引き継ぐ作業の中で公有財産の欠損を見つけた後任受領は、前任者の責任において欠損が補われない限り、前任者に解由状を与えないものであった。前任受領に職務怠慢《たいまん》もしくは不正行為がなければ、普通、公有財産に欠損が見つかることなどあり得なかったからである。とすれば、藤原惟憲が解由状に関して左大臣藤原道長に泣きつかねばならなかったのは、橘行平によって因幡国府の公有財産の欠損を指摘されながらも、その補塡《ほてん》を拒否していたためであったのかもしれまい。

とはいえ、これは、あくまで一つの推測にすぎない。そして、行平が惟憲に解由状を与えなかった事情を正確に知ることは、まず不可能であるように思われる。この一件については、すでに紹介した『御堂関白記』の記述の他には、まったく記録が残されていないのである。

ことによると、藤原実資の『小右記』にならば、本来、この件に関する詳細な情報が残されていたのかもしれない。が、残念なことに、寛弘二年の下半期の『小右記』は、そのほとんどが今に伝わっていないのである。そして、わずかに現存する部分も、ここではまったく役に立ちそうにない。また、藤原行成の『権記』は、当該期の記事の全てが現存しているものの、問題の出来事についてはまったく何も記録していない。惟憲・行平の一件に関しては、固く口を閉ざしているかのようなのである。

ただ、行成が自己の日記に何も書かなかったという事実は、当時の行成が右の一件とは距離を置きたがっていたことの何よりの証拠であろう。そして、行成が一件への関わりを避けていたとすれば、それは、左大臣藤原道長が道理を曲げてでも惟憲を擁護しようとしていたためではないだろうか。行成にしてみれば、何かの拍子《ひょうし》に道長を怒らせてしまうことのないよう、この件への関与は全力で回避しなければならなかったにちがいあるまい。

そして、このような思いは、当時の公卿たちの多くによって共有されていたことだろう。

藤原道長家の執事

その頃の藤原道長は、公卿第一席の左大臣として朝廷の健全な運営に関して大きな責任を負っていたはずであるが、そんな道長が一通の解由状のために外聞も憚《はばか》らずに無理を押し通すようなまねをしたのは、問題の解由状を必要とした藤原惟憲がたんなる中級貴族ではなかったからに他ならない。この時期には「前因幡守」を公式の肩書きとしていたであろう惟憲は、元来、藤原道長家において同家の執事のような役割を担う人物だったのである。

確かに、王朝貴族たちというのは、その全てが天皇を主人として朝廷に仕える人々であるはずであった。が、それは、あくまでも建前にすぎない。王朝時代の現実として、少なからぬ数の中級貴族や下級貴族が、朝廷から何らかの官職を与えられていたとしても、どこかの上級貴族家の執事こそを本業として世を渡っていたのである。しかも、当時の中級貴族や下級貴族にしてみれば、朝廷において要職でもない官職に任命されることよりも、上級貴族家において執事として重用されることの方が、よほど大きな意味を持っていた。

そして、本章において注目する藤原惟憲などは、上級貴族家の執事という立場を足がかりとして出世した中級貴族たちを代表する存在であったろう。

駿河守藤原惟孝《これたか》を父親とする藤原惟憲は、すでに見たように、因幡守に任命される以前、まともな官歴を持っていなかったにもかかわらず、叙爵にあずかっていたばかりか、そこから二階級も上の正五位下にまで昇進していた。これは、当然、かなり異例のことであったが、その異例の出世を可能にしたのは、惟憲が執事として藤原道長に私的に仕えていたという事実だったはずである。また、受領国司の官職を希望する中級貴族が掃《は》いて捨てるほどいたはずの当時において、ほとんど官歴のなかった惟憲などが因幡守を拝命し得たのも、やはり、道長との関係に助けられてのことであったにちがいあるまい。

しかし、道長の後ろ盾を得て受領国司となった因幡守惟憲は、道長から一方的に庇護を受けるばかりではなかった。上級貴族家の執事を務める受領たちは、ただたんに主家《しゅか》の家政を取り仕切るばかりではなく、しばしば自腹を切って主家に対する経済的な貢献を果たすものだったのである。惟憲の場合も、『御堂関白記』から一例を拾うならば、寛弘八年の五月、道長邸において大きな仏事が催された折、そこに招かれた僧侶たちに供されるべき食膳を用意するというかたちで、みずからの経済力を道長のために用いていたのであった。

それゆえ、因幡守となった惟憲が因幡国において可能な限り大きな富を築こうとしたであろうことは、かなり容易に想像できよう。道長家の執事こそを本務とする惟憲は、事実上の主君である道長の期待に応えるために、十分な経済力を身につけておかなければならなかったのである。そして、そんな因幡守惟憲が不正に手を染めなかったはずはなかろう。

とすると、惟憲の後任の因幡守となった橘行平が惟憲に解由状を与えようとしなかったのは、前任者に意図的な不正行為があったことを見抜いたためであったかもしれない。例えば、もし惟憲が国府の公有財産を横領するようなまねをしていたならば、そんな工夫のない悪事が古受領の行平によって暴かれないはずはなかったのではないだろうか。

功績の捏造

しかし、因幡守橘行平が前因幡守藤原惟憲に対して厳しい態度をとり続けたことの最大の理由は、どうやら、惟憲が任国の統治に関する功績を捏造《ねつぞう》するという不正を行っていたことにあったらしい。

実は、すでに紹介した寛弘二年十二月二十九日の『御堂関白記』には、次のような続きがあるのだが、ここに見える左大臣藤原道長の思案は、行平の口を塞《ふさ》いで惟憲の功績捏造に関する疑惑を揉《も》み消す方策を探るために巡らされたものに他ならない。

「前因幡守藤原惟憲が別功《べっこう》の対象として報告した不動穀《ふどうこく》の件については、いまだに公卿会議が結論を出そうとしない。ただ、因幡守橘行平の調査によって一度は不動穀の倉庫が空っぽであることが発覚したものの、その後、結局は倉庫に不動穀が納められていることが確認されたのであるから、この一件に関しても、これ以上は取り沙汰しないよう、行平に公式に命じるべきであろう。とはいえ、今日は宮中で追儺《ついな》の儀《ぎ》が行われる日であったため、公卿会議で決議を得ることは無理であった」。

「不動穀」という言葉の意味するところは、簡単には使うわけにいかない備蓄米《びちくまい》であり、それは、要するに、飢饉《ききん》などに備えて一定の量が国府の倉庫に納められていなければならない米であった。しかし、藤原惟憲が受領国司として赴任した頃の因幡国では、どうした理由によってか、その不動穀がすでに使い果たされてしまっていたのだろう。そして、そこに眼を着けた惟憲は、今後に備えて新たに不動穀を準備した旨を報告することによって、朝廷に自身の別功を認めさせることに成功していたらしい。本来の職務を果たす以上の働きによって積み上げた業績が、王朝貴族の言う「別功」である。

ところが、惟憲が因幡国に再び不動穀を完備させたというのは、あまりにも稚拙な嘘であった。彼の後任の因幡守となった橘行平が国府の倉庫を点検すると、惟憲によって用意されたという不動穀など、どこにも存在していなかったのである。惟憲の主張する別功が捏造されたものであることは、ここにおいて、誰の眼にも明らかであった。

そして、惟憲のような智恵の足りない悪人というのは、こういうとき、どうにかして危機を脱しようと、驚くほどにばかばかしい行動に出るものであるらしい。せっかく認められた別功を取り消されたくなかった前因幡守惟憲は、因幡守行平に見つからないように気をつけながら、今になって国府の倉庫に不動穀を納めるという、どうしようもない愚策を敢行したようなのである。

だが、これほどまでに明白な不正と不正の隠蔽とが行われていたにもかかわらず、朝廷の意思決定機関である公卿会議は、惟憲の別功を取り消す決定を下そうとはしなかった。おそらく、公卿たちの多くが、左大臣藤原道長の思惑を憚って、言うべきことを言えずにいたのだろう。朝廷の事実上の最高権力者であった道長は、前因幡守惟憲の事実上の主君でもあったのである。そして、ここにおいて道長が望んでいたのは、惟憲の試みた頭の悪い隠蔽工作を利用するかたちで、惟憲の別功を正当化してしまうことに他ならなかった。

眼を背ける賢王

とはいえ、藤原惟憲の捏《でっ》ち上《あ》げた別功が完全に事実無根のものであっただけに、さすがの藤原道長も、その正当化には幾らか手間取らざるを得なかったらしい。というのは、寛弘三年正月六日の『御堂関白記』に、次のような苛立《いらだ》ち混じりの記事が残されているからである。

「因幡守橘行平と前因幡守藤原惟憲とが揉《も》めている八千石《こく》の不動穀の一件をめぐっては、行平から朝廷に提出された報告書には、事実と相違することが多く見受けられる。そこで、藤原広業《ひろなり》を喚《よ》びつけて事情を説明させた」。

これによれば、前因幡守藤原惟憲が舌先三寸《したさきさんずん》で捏造した別功は、厳密には、因幡国府の倉庫に八千石もの不動穀を備えたというものであったらしい。八千石の米というのは、第二章での試算を援用するならば、王朝時代の庶民層の人々にとって、千年分の年収を軽く超えるほどの巨富である。それだけの量の米が本当に不動穀として国府の倉庫に納められていたならば、それは、因幡国に住む人々にとって、何とも心強いことであったろう。

しかし、惟憲が朝廷に報告した不動穀に関する功績は、まったく実体をともなわない虚偽のものであったわけだから、それでも別功を主張する惟憲は、因幡国において米八千石を横領したようなものである。また、あくまで惟憲の捏ち上げた別功を正当化しようとした左大臣藤原道長は、因幡国から八千石もの巨富を盗み出した悪人を庇おうとしているようなものであった。とすれば、惟憲にしても、道長にしても、その面の皮の厚さは、相当なものであったにちがいない。

ただ、そんな厚顔無恥な二人も、因幡守橘行平が朝廷に提出した報告書には、少なからず困っていたようである。その報告書というのは、もちろん、惟憲による別功捏造についてのものであるが、そこには、現に国府の倉庫に不動穀が納められていなかったという事実が、疑いようもないかたちで淡々と記されていたのであろうか。そして、その日記に敢えて「行平から朝廷に提出された報告書には、事実と相違することが多く見受けられる」などと記さねばならなかったことから見て、朝廷の事実上の最高責任者であった道長でも、行平から告発があったことそのものを揉み消してしまうことはできなかったのだろう。

だが、結局のところ、惟憲が拙劣な虚言によって捏ち上げた偽りの別功は、正当なものとして公認されることになった。寛弘三年の正月二十八日、前因幡守の藤原惟憲が今度は甲斐守《かいのかみ》に任命されているが、この人事が因幡守としての別功に対する褒賞《ほうしょう》であったことは、まず間違いあるまい。

この時期、ほとんどの事柄に関して、左大臣藤原道長の我意が通らないなどということはなかったのである。

なお、この頃に玉座にあったのは、すでに触れた如《ごと》く、かの一条天皇であるが、その一条天皇にも、右に見た左大臣道長の横暴を止めることはできなかったのだろう。いや、この件に天皇が干渉した形跡がまったく見られないことからすれば、賢王として名高い一条天皇は、その賢明さを発揮して、一件の真相には気づいていないふりを押し通したのかもしれない。

因幡国府の暗部

ときに、藤原惟憲による別功の捏造に関して、一つだけ、どうにも不思議なことがある。

因幡国において新たに不動穀を準備したという虚偽の報告によって別功を捏造した前因幡守惟憲は、その不正を後任の因幡守である行平によって暴かれるや、行平に知られないように因幡国府の倉庫を不動穀で満たすというかたちで、どうにか不正を隠蔽しようとしたのであった。これは、すでに詳しく見たところであろう。

だが、どうして、このとき、隠蔽工作を行おうとする惟憲には、行平に気づかれることなく国府の倉庫の扉を開けることが可能だったのだろうか。

地方諸国の国府が管理する倉庫の扉には、当たり前のことながら、鍵がかけられているものであった。そして、国府の倉庫の鍵は、王朝時代において、それぞれの国府の長である受領国司の責任において管理されているはずであった。したがって、すでに因幡守の職務権限を行平に引き渡してしまっていた前因幡守惟憲は、行平の承諾を得ない限り、因幡国府の管理する倉庫の扉を開くことなど、できようはずがなかった。

それにもかかわらず、惟憲が行平に知られることなく実行した隠蔽工作は、国府の倉庫に一国分の不動穀に相当する多量の米を運び込むというものだったのである。つまり、倉庫の扉を開かないことには完遂し得ないような作業だったのである。ということは、その折の惟憲は、因幡守の承諾を得ずに因幡国府の倉庫の扉の鍵を開けるという、できないはずのことをやってみせたことになろう。

これは、当時の都の貴族社会の人々にとっても、不可解なことだったのではないだろうか。ただ、ここで生じる疑問も、ある可能性を想定するならば、あっさりと解消してしまう。すなわち、行平を除く因幡国司たちが惟憲の不正行為に荷担した可能性に眼を向けるならば、惟憲が国府の倉庫の扉を開き得たことも、そう不思議なことではなくなるのである。

言うまでもなく、もし右に想定するようなことが当時の因幡国において本当に起きていたのだとすると、その頃の因幡介《いなばのすけ》以下の国司たちは、現在の上司である因幡守行平を裏切り、かつての上司である前因幡守惟憲の味方をしたことになろう。また、当然のことながら、その場合には、行平と彼以外の因幡国司たちとの関係は、あまりいいものではなかったことになるだろう。

そして、実のところ、因幡守行平と彼以外の因幡国司たちとの関係は、かなり険悪なものであったらしい。というのは、寛弘四年の七月二十三日および十月二十九日の『権記』から知られるように、因幡国司たちが因幡守行平を殺人犯として告発するということが、幾度か起きていたからである。しかも、その告発において行平によって殺されたとされるのは、あろうことか、因幡国府の次官に他ならない因幡介を務める人物であった。

とすれば、やはり、因幡介以下の因幡国司たちは、前因幡守藤原惟憲の不正行為に深く関与していたのではないだろうか。そして、そんな表沙汰《おもてざた》にはできない事情があったからこそ、因幡守橘行平による因幡介殺害が取り沙汰されるようなことになったのであろう。

悪徳受領に郷土を売る地方豪族たち

ここで因幡守橘行平によって殺害されたことが取り沙汰された因幡介は、地元豪族の因幡千兼《いなばのちかね》という人物であった。因幡《いなば》氏というのは、その名称から察せられるように、古くから因幡国に盤踞《ばんきょ》していた氏族の一つであるが、公式に因幡介の官職を帯びていた因幡千兼は、当時の因幡国において、最も有力な豪族の一人であったにちがいない。

また、その因幡介千兼が殺されたことを朝廷に告発したという因幡国司たちも、それぞれに任国内に小さからぬ地盤を持つ因幡国の有力豪族であったろう。彼らが朝廷から与えられていた官職は、因幡掾《いなばのじょう》・因幡権掾《いなばごんのじょう》・因幡目《いなばのさかん》・因幡権目《いなばごんのさかん》・因幡国《いなばのくに》史生《ししょう》といったところであったはずだが、そうした官職を帯びて因幡国の国務に携わっていた彼らは、やはり、因幡介千兼と同様、因幡国においては、かなり大きな力を有していたはずなのである。

とすれば、因幡介を殺したとして因幡掾以下の因幡国司たちによって告発された因幡守橘行平は、その任国を仕切る有力豪族たちの多くを、まとめて敵に回してしまっていたことになろう。確かに、前章において詳しく見た如く、但馬国の豪族たちが嘘の告発によって殺人事件を捏ち上げようとすることもあった王朝時代であるから、因幡守行平が因幡介千兼を殺害したという告発が誣告にすぎなかったことも、まったく考えられないわけではない。が、行平が本当に千兼を殺していたにせよ、行平以外の因幡国司たちが虚偽の告発によって行平を陥《おとしい》れようとしていたにせよ、因幡守行平と因幡国の有力豪族たちとの関係が敵対的なものであったことだけは、けっして否定され得ないのではないだろうか。

これに対して、行平の前任の因幡守であった藤原惟憲は、因幡介因幡千兼をはじめとする因幡国の有力豪族たちとの間に、かなり親和的な関係を築いていた。しかも、惟憲と千兼たちとの親密さは、共謀して悪事に手を染めるというほどに深いものであった。すでに見たように、行平に別功の捏造を見抜かれた惟憲は、不正行為を隠蔽するために行平以外の因幡国司たちの協力を得ていたのである。要するに、惟憲の場合には、因幡国の有力な豪族たちと、完全に癒着してしまっていたのであった。

したがって、藤原惟憲が因幡守の職権を利用して行った不正は、当然、別功の捏ち上げだけではなかったことだろう。任国の有力豪族たちとの間に悪い意味での親密な関係を築き得ていた受領国司ならば、不正な手段で任国の人々から富を吸い上げるようなことをしたとしても、それを誰にも朝廷に告発されずにすんだはずなのである。

そして、そんな惟憲が因幡守として因幡国を復興させたという話は、あまりにも胡散臭い。惟憲ほどの不心得者ならば、むしろ、任国の荒廃をも、私腹を肥やすことに利用したにちがいないのである。例えば、惟憲の場合には、復興を目的とした減税策の実施を朝廷によって認可されていたはずなのだが、その減税策が悪用されなかったとは考えられまい。

もちろん、朝廷が減免を認めたはずの税を例年通りに取り立てるという安易な方法で集積された不正な富の一部は、因幡守藤原惟憲から因幡介因幡千兼をはじめとする因幡国の有力豪族たちへと、悪徳受領に郷土を売った見返りとして分配されたことだろう。

長門守高階業敏の罪状

少しばかり話が逸《そ》れるようだが、藤原道長家の執事であったがゆえに犯した罪に相当する罰を受けずにすんだ受領国司は、ここまで注目してきた因幡守藤原惟憲ばかりではない。
藤原実資の『小右記』によれば、寛仁《かんにん》二年（一〇一八）の十二月七日、関白《かんぱく》藤原頼通《よりみち》の独断により、長門守高階業敏《ながとのかみたかしなのなりとし》の罷免《ひめん》が決定されている。どうやら、それは、長門鋳銭司判官《ながとのちゅうぜんしはんがん》の土師為元《はじのためもと》が業敏の非を告発したことに対する措置だったようなのだが、頼通が決めた長門守解任は、ここで業敏が受けるべきであった処罰として、非常に重いものであるどころか、むしろ、軽過ぎるほどに軽いものであったらしい。同日の『小右記』には、ここでの業敏の処分について、次のようなことが記されているのである。

「そもそも、長門守高階業敏の一件については、まずは公卿会議において審議されるべきだったのであり、また、公卿会議の出す結論によっては明法博士《みょうぼうはかせ》が細かい罪状を検討しなければならなかったはずなのである。ところが、業敏の扱いが公卿会議において話し合われる以前に、したがって、業敏の正確な罪科が明法博士によって詮議《せんぎ》される以前に、いつの間にか業敏の罷免が決定されてしまった。これでいいのだろうか。業敏を告発した例の長門鋳銭司判官土師為元は、毎年のように前摂政《せっしょう》藤原道長殿に牛を献上している人物である。長門《ながと》国の受領国司であった業敏は、この為元を相手に大規模な戦闘行為に及んだのであったが、どうしたわけか、一方的に為元の言い分だけが聞き入れられたかたちで、業敏の罷免が決まったのである」。

ここに登場する土師為元という人物は、長門国の軍事貴族である。本書の第二章では、長門守藤原良道《よしみち》が長門国の軍事貴族である土師朝兼《ともかね》の一党に襲撃されたという寛弘五年（一〇〇八）の事件を紹介したが、その一件において長門守の生命を狙った朝兼の息子が、右の為元なのである。そして、寛仁二年の十二月から遠く遡《さかのぼ》らない頃、この為元を相手に大規模な武力衝突を繰り広げたのが、当時において長門守を務めていた高階業敏であった。

当然、業敏と為元との激突によって戦場となったのは、長門国のどこかであったろうが、そうして「合戦《かっせん》」と呼ぶにふさわしい行為に及んだ業敏は、朝廷によって厳しく罰せられなければならなかった。王朝時代の朝廷の法は、朝廷の企てる軍事行動と無関係に行われる戦闘の全てを重大な違法行為と見なしていたのであり、かつ、業敏による戦闘行為は、朝廷の意思とはまったく関係のないものだったのである。ちなみに、長徳《ちょうとく》四年（九九八）十二月の『権記』に伊勢《いせ》国で私的な「合戦」を行ったと見える前下野守平維衡《しもつけのかみたいらのこれひら》などは、その一年後の『小右記』によれば、朝廷より淡路《あわじ》国への流刑《るけい》を言い渡されていたらしい。

だが、実は藤原道長家の執事であった業敏は、維衡が受けたほどの罰を受けることはなかった。道長の意向に従っていたのであろう関白頼通の決定した通りに長門守を罷免されたものの、それ以上には罰せられなかったのである。しかも、これよりしばらく後の長元四年（一〇三一）の正月、越中守《えっちゅうのかみ》として再び受領国司を務めることになった業敏は、さらに、長久《ちょうきゅう》元年（一〇四〇）の正月には、大国の受領である常陸介に任命されたのであった。

揉み消された長門守殺害未遂事件

なお、長門守高階業敏の軽からぬ罪状がうやむやにされたことを伝える寛仁二年十二月七日の『小右記』は、その一件の根源をたどるようにして、藤原道長家の執事と地方軍事貴族との悪い意味での親密な関係をめぐる興味深い話を、次の如くに語ってくれる。

「長門守を解任された高階業敏は、故高階業遠《なりとお》の息子であるが、ありし日の業遠は、藤原道長殿が誰よりも重く用いた執事であった。その業遠が死んだ後に息子の業敏が官職を奪われたのであるから、誰もが何か言いたいのではないだろうか。ちなみに、土師為元の父親の土師朝兼は、長門守藤原良道の生命を脅かしたことがあり、それゆえに、朝廷に捕らえられて左衛門府《さえもんふ》の舎屋に拘禁《こうきん》されたのだが、取り調べを受けるまでもなく、高階業遠の口利《くちき》きによって釈放されてしまった。その折、世の人々は、『朝廷の権威など、もはや、どこにもないかのようだ』と言って嘆いたものだ。また、地方諸国の受領国司たちは、国守の殺害を企てた重罪人が無罪放免になったことに不安を抱き、膝《ひざ》を抱《かか》えて天を仰《あお》ぐばかりであった。しかし、今まさに、業遠の犯した悪行の報いが、その息子の業敏の身に及んだのであろうか。業敏が長門守を罷免される契機を作った為元は、業遠の不当な口利きによって厳罰を免れた故朝兼の息子なのである。また、為元からの告発によって長門守を解任されることになった業敏は、朝兼の罪状を揉み消した故業遠の息子なのである」。

この証言からすれば、高階業敏が藤原道長家の執事を務めることになったのは、おそらく、その父親の負っていた職務を引き継いでのことだったのだろう。業敏の父親である高階業遠は、その生前、道長家において最も厚い信頼を寄せられていた執事だったようなのである。そうした意味では、同じ中級貴族の家に生まれるにしても、業遠の息子として生まれ得たことは、業敏にとって、またとなく幸運なことであったかもしれない。

だが、当時の貴族社会の人々の理解するところ、その業敏が長門守を解任されることになったのは、父親の業遠が生前に悪行を犯していたがゆえのことであった。すなわち、仏の教えに強い関心を持つ王朝貴族たちは、「業敏が長門守を罷免される契機を作った為元は、業遠の不当な口利きによって厳罰を免れた故朝兼の息子なのである。また、為元からの告発によって長門守を解任されることになった業敏は、朝兼の罪状を揉み消した故業遠の息子なのである」という事実を見て、仏の説く因果応報《いんがおうほう》というものを実感したのである。

そして、その因果応報の背景にあったのは、藤原道長家の執事と地方軍事貴族との癒着であった。右の事実を見るならば、高階業遠が土師朝兼と癒着していたことは、まったく疑うべくもあるまい。おそらく、業遠が朝兼に期待したのは、業遠の主君である道長および業遠自身への財の提供であり、朝兼が業遠に期待したのは、現に寛弘五年に必要となったような、いざというときの超法規的な救援であったろう。

また、『小右記』が「長門鋳銭司判官土師為元は、毎年のように前摂政藤原道長殿に牛を献上している」と証言していることからすれば、業遠と朝兼との間にあった薄汚れた信頼関係は、両者の没した後、しばらくは業敏と為元との間に引き継がれていたにちがいない。

謀反人に賄賂を求める大宰大弐

しかし、ついには土師為元との間に戦端を開いてしまった高階業敏はもちろん、土師朝兼に大きな恩を売りつけた高階業遠でさえ、地方の有力者と癒着して私腹を肥やすことにかけては、藤原惟憲の右に出ることはなかっただろう。本章において詳しく見たように、惟憲が因幡守として手にした富と功績とは、因幡国の有力豪族たちとの癒着によって産み出されたものであったが、地方の有力者と結んで私利私欲を貪《むさぼ》ることに寸分《すんぶん》の後ろめたさも感じない惟憲は、大宰大弐として大宰府《だざいふ》の実質的な長官を務めていた折にも、大隅《おおすみ》国において大規模な反乱を起こした軍事貴族を相手に、その罪を問わないことを約束して多額の賄賂《わいろ》を要求したことがあったのである。

問題の反乱の首謀者は、従五位下の位階と大宰大監《だざいのだいげん》の官職とを持つ平季基《すえもと》という人物であった。長元二年（一〇二九）の春もしくは夏、その息子で従五位下の位階を有する平兼光《かねみつ》などとともに兵を挙《あ》げた季基は、大隅国府《おおすみのこくふ》・大隅守館《おおすみのかみのたち》をはじめとする大隅国の公的な施設を焼き払うとともに、多くの民家にも火を放ったのであり、しかも、さまざまな物品を掠奪しつつ、殺戮《さつりく》までも行ったのである。この事件については、すでに第二章でも簡単に言及したが、ここで大宰大監季基が選択した行為は、われわれ現代人が「反乱」と呼ぶものであり、王朝貴族ならば「謀反《むへん（むほん）》」とも呼んだはずのものであった。

当然、そんなことをしでかした平季基は、朝廷から犯罪者として扱われることになる。長元二年八月二十一日の『小右記』には、朝廷から大宰府へと送られるべく作成された一通の命令書の文面が書き写されているが、その長元二年八月七日の日付を持つ命令書においては、「応《まさ》に早《つと》に使者《ししゃ》に附《ふ》して大監従五位下《だいげんじゅごいげ》平 朝臣季基《たいらのあそんすえもと》并《なら》びに男《むすこ》散位従五位下《さんいじゅごいげ》兼光《かねみつ》及《およ》び兼助《かねすけ》等《ら》を召《め》し進《すす》むべき事《こと》」が厳命されているのである。ここで季基のみならず彼の息子の兼光および兼助をも捕らえようとしていることから見て、この折の朝廷は、謀反の大罪を犯した地方軍事貴族たちに裁きを受けさせることについて、かなり積極的だったのだろう。

ところが、謀反人となった季基・兼光・兼助の大至急の逮捕を命じる右の命令書は、結局、鎮西《ちんぜい》の大宰府に届きはしなかった。いや、より正確に言えば、無用のものとして廃棄されるまで、都の朝廷に留まり続けたのであった。

そして、件の命令書が大宰府に送られることなく廃棄されねばならなかったのは、藤原惟憲が横《よこ》槍《やり》を入れたためであったらしい。長元二年九月五日の『小右記』によれば、命令書作成の手続きに問題があったことを知った惟憲が、関白藤原頼通に対して、命令書の作り直しを強く主張したようなのである。

だが、こうして右の命令書を葬り去った惟憲は、実は、これに先立ち、その命令書によって逮捕されることになる平季基から賄賂を受け取っていたのであった。しかも、惟憲の望むままに授受されたらしい賄賂は、絹三千余疋《ひき》という巨額のものであったという。鎮西には絹一疋=米四石という公定価格があったから、謀反を起こした地方軍事貴族を助けようとした惟憲は、米一万二千石を上回る巨額の賄賂に眼が眩《くら》んでいたことになるだろうか。

「惟憲は貪欲の者也」

「惟憲《これのり》は貪欲《どんよく》の者也《ものなり》」というのは、長元二年九月五日の『小右記』に見える言葉であるが、藤原惟憲の身に備わっていた貪欲さは、おそらく、王朝時代の貴族社会の人々の眼から見ても、ちょっとやそっとのものではなかったのだろう。

事実、大隅国において大宰大監平季基が兵乱を起こしたことを知ったとき、鎮西の統治に責任を負う大宰大弐の任にあったはずの惟憲が真っ先に考えたのは、戦禍《せんか》に見舞われた大隅国の復興を急ぐことではなく、反乱の首謀者である季基から大枚《たいまい》をせしめることであった。惟憲と季基との癒着についての『小右記』の記述は、「前大弐惟憲卿《ぜんだいにこれのりきょう》の季基《すえもと》より絹三千余疋《きぬさんぜんよひき》を責《せ》め取《と》りて既《すで》に優免《ゆうめん》せり」というものであるが、ここに明らかなように、両者の間で授受された賄賂は、贈賄《ぞうわい》側の季基が申し出たものではなく、収賄側《しゅうわい》の惟憲が要求したものだったのである。

しかも、こうして惟憲が季基から賄賂として巻き上げた三千余疋の絹は、おそらく、本来、大隅国の国府や同国の人々に返還されねばならないものであったろう。絹三千余疋が米一万二千石を上回る巨額の財であったことは、すでに前節に見た通りであるが、それは、当時の庶民層の人々の千数百年分から三千数百年分の年収に相当する大きな富であった。そして、それほどの巨富をつねに絹のかたちで手元に用意しているというのは、有力な軍事貴族であった平季基にとっても、かなり困難なことであったにちがいない。とすれば、季基が惟憲に賄賂として渡した絹三千余疋は、やはり、季基の反乱軍が大隅国の国府や民家から掠奪したものだったのではないだろうか。

ちなみに、平季基から巨額の賄賂を受け取った藤原惟憲は、大隅国において反乱があったという事実を大宰大弐として都の朝廷に報告する段階から、季基が謀反の罪を問われることにならないよう、大宰大弐の職務権限を利用した姑息な小細工を仕掛けていた。すなわち、大宰大弐惟憲の承認のもとに大宰府から朝廷へと送られた報告書には、反乱の首謀者であるはずの季基の名前が、まったく記されていなかったのである。

それゆえ、もし朝廷が大宰府からの報告のみに基づいて大隅国における反乱の全容を把握しようとしていたならば、季基が公式に謀反人と見なされることにはならなかっただろう。その意味では、ここで惟憲が弄《ろう》した策は、なかなかのものであったように思われる。

だが、結局、この惟憲の詐術《さじゅつ》が成功することはなかった。惟憲にとっては実に間《ま》の悪いことに、大宰府からの報告書が朝廷に届くのと前後して、その年の正月に任期を満了していた前大隅守が都に帰り着いてしまったのである。おそらく、都の貴族社会の人々が大宰府の報告書に嘘があることを知るまでに、そう多くの時間が費やされることはなかっただろう。そして、前大隅守の証言に基づいて大隅国で起きた反乱の真相を知った朝廷は、平季基を謀反人として逮捕すべく例の命令書を作成したのである。

それでも、そうしてようやく作成された妥当な内容の命令書でさえも、貪欲な惟憲の奸計《かんけい》の前に、ただの紙切れとして廃棄される運命をたどらなければならなかったのであった。

結　清少納言《せいしょうなごん》、源頼光《みなもとのよりみつ》の四天王《してんのう》に殺されそうになる

清原致信殺害事件に巻き込まれた清少納言

寛仁《かんにん》元年（一〇一七）の三月八日、前大宰《だざいの》少監《しょうげん》清原《きよはらの》致信《むねのぶ》が洛中《らくちゅう》の自宅において源頼親《みなもとのよりちか》の配下の騎馬武者たちに殺害されたという出来事は、いかにも生じそうな誤解を混入されつつ、また、どうにも不自然な尾鰭《おひれ》を付加されつつ、次の時代に語り継がれていた。『古事談《こじだん》』というのは、鎌倉時代前期に編纂された説話集であるが、その『古事談』の巻第二には、あまり品《ひん》のよくない次のような一話が収められているのである。

「源頼光《よりみつ》から前大宰少監清原致信の殺害を命じられたのは、渡辺綱《わたなべつな》・平貞道《たいらのさだみち》・平季武《すえたけ》・坂田公時《さかたのきんとき》の四天王《してんのう》であった。その頃、致信は妹の清少納言《せいしょうなごん》と同居していたが、その清少納言は、すでに出家した女性として、男性の僧侶と見分けることが難しいような身形《みなり》をしていた。それゆえ、頼光に命じられるままに致信の居所に踏み込んだ四天王たちは、致信を殺したついでに、その場に居合わ

せた清少納言をも殺そうとしたのであった。すると、殺されまいとする清少納言は、自分が女性の尼僧《にそう》であることを示すために、いきなり法衣《ほうえ》の裾《すそ》を大きく捲《まく》り上げて、みずから陰部《いんぶ》を露出させたのだそうな」。

ここにおいて清原致信殺害の首謀者が源頼親から源頼光へとすり替えられているのは、この二人が同じく源満仲《みつなか》を父親とする実の兄弟だったからであり、また、後世においては頼親よりも頼光の方が有名だったからであろう。大江山《おおえやま》の酒呑童子《しゅてんどうじ》を退治したとされる頼光の名は、後代の人々の間にも広く知れ渡ることになったが、派手な伝承を持たない頼親の名は、時代とともに次第に風化していくしかなかったわけである。

しかし、そうして当然のこととして受け容れてしまえないのが、右の説話における清少納言のふるまいである。清少納言ほどに機転の利《き》く女性であれば、自身が女性であることを示す方法など、幾らでも考えついたであろうに、『古事談』に登場する彼女は、むしろ、考え得る限りの最も愚かしい方法によって目的を達成しようとするのである。かの『枕草子《まくらのそうし》』にちりばめられた数々の自慢話のゆえに、現代においても必ずしも評判のよろしくない清少納言であるから、もしかすると、右に見た一話には、彼女を不当に貶《おとし》めようとする悪意が練《ね》り込まれているのではないだろうか。

ただ、そうした疑問を抱かせる『古事談』の語るところであっても、事件が起きた寛仁元年頃、清少納言が清原致信と同居していたというあたりは、ことによると、事件当時の史実なのかもしれない。その頃にはすでに五十歳を過ぎていたであろう清少納言であれば、実の兄とともに余生を送ることを選んでいたとしても、そうおかしくはないだろう。また、致信とともに暮らした晩年の清少納言は、本当に出家の身であったかもしれない。

だが、そうであったとして、いや、そうでなかったとしても、致信が唐突に殺されてしまったとき、彼の実の妹であった清少納言は、致信が殺されなければならなかった事情を、どのくらい正確に理解していたのだろうか。序章で見たように、致信が殺害されたのは、それ以前に彼が他人の生命を奪っていたためであったが、王朝時代を代表する才女は、殺された兄もまた殺人者であったという事実を、兄の生前から承知していたのだろうか。

受領の豊かさ

当時、どれほど多くの中級貴族たちが受領《ずりょう》国司に任命されることを望んでいたかは、清少納言も十分に心得ていた。彼女の『枕草子』には、こんな一節が見られるのである。

「毎年の正月、地方諸国の受領国司が任命される頃になると、内裏《だいり》の付近では、たいへんにおもしろい光景を眼にすることができる。雪が降ってひどく寒い中、国司への任命を請う嘆願書を手にして宮中を行き交《か》うのは、四位《しい》や五位《ごい》の位階を持つ中級貴族たち。そのうちの若くて元気な人々は、たいへんに頼もしくも見える。けれど、年老いて頭髪が真っ白になっているような人々は、すっかり女房《にょうぼう》たちの笑い者。ある人は、天皇様や中宮様《ちゅうぐう》に口添《くちぞ》えをしてもらおうと、その仲介を女房たちに頼んで歩く。ある人は、女房たちの控《ひか》え室に立ち寄っては、自身の有能さを独《ひと》りよがりに吹聴《ふいちょう》して歩く。でも、若い女房たちは、そんな老中級貴族たちの様子を、おもしろおかしくまねてみせ、残酷に笑い飛ばしてしまう。そうして笑い者になりながらも、『天皇様によろしく申し上げてくださいませ』『中宮様によろしく申し上げてくださいませ』と、女房たちに頭を下げて回るのだから、結局は願いのかなった人はともかく、望み通りにいかなかった人は実に気の毒なものである」。

また、その『枕草子』に「受領《ずりょう》など大人《おとな》だちぬるも、ふくらかなるぞよき」――「大人になって受領になったような人も、太っているのこそが似つかわしいのでは」などとも書いた清少納言は、当然、多くの人々が受領になりたがった事情を承知していたことだろう。すなわち、彼女の理解するところでも、受領国司になった者は、ふくふくと太ってしまうほどに大きな富を築くことができるものだったのである。それは、周防守《すおうのかみ》清原元輔《もとすけ》の娘として育った清少納言にしてみれば、あまりにも当たり前のことであったにちがいない。

だが、そんな清少納言であっても、受領として地方諸国に下った人々がどのような手段を用いて巨富を積み上げていたのかを、どれだけ正しく把握していたのだろうか。

王朝時代の受領国司たちが任国において蓄財のために何をしていたのかを、われわれはすでに十分に承知している。本書においてじっくりと見てきたように、当時の受領たちは、さまざまな不正行為によって多大な財を獲得していたのである。正直に仕事をしていたのでは受領になった意味がないというのが、王朝時代の受領たちの現実であった。

例えば、本書の第二章で注目した尾張守藤原元命《おわりのかみふじわらのもとなが》は、自身を富ませるため、不当課税・不当徴税・恐喝《きょうかつ》・詐欺《さぎ》・公費横領など、考えつく限りの不正を行っていたが、何も元命だけが不正行為に手を染める悪徳受領だったわけではない。しかも、第三章の主人公となった筑後守《ちくごのかみ》藤原文信《のりあきら》がそうしたように、私利私欲のために不正を働く受領たちは、みずからの不正行為が露見することを防ぐためにならば、殺人の罪を犯すことをも躊躇《ちゅうちょ》しないものだったのである。

ただ、こうした事実は、当時の貴族社会において、女性たちに対しては、可能な限り伏せられていたのかもしれない。それは、受領の妻あるいは受領の娘という立場にあった女性たちに対してさえ、表立っては伝えられることのない事実だったのではないだろうか。

王朝貴族社会を支えるもの

しかし、寛仁元年三月八日の事件によって実の兄を亡くした清少納言は、突如として、受領の所業の罪深さを知ることになったにちがいない。

本書において得られた王朝時代の受領たちに関する知見を総動員するならば、寛仁元年に起きた清原致信殺害事件の背景は、おおむね、次のように理解することができるだろう。

長和《ちょうわ》二年（一〇一三）の正月あたりに大和守《やまとのかみ》に任命された藤原保昌《やすまさ》は、やはり、受領国司として大和国に赴くや、同国の豪族たちから少しでも多くの財を巻き上げようとしはじめたものと思われる。保昌が大和国において不当課税・不当徴税・恐喝・詐欺・公費横領といった不正行為の数々を用いたであろうことは、まず疑うべくもあるまい。

だが、そんな保昌に歯向かおうとする者がいた。大和国に住んでいた当麻為頼《たいまのためより》という人物である。かつて徳富蘇峰《とくとみそほう》によって所有されていた古文書群には、大和国府《やまとのこくふ》が朝廷に送った長和元年六月八日の日付を持つ申請書が混じっているのだが、この申請書によれば、その頃、大和権介《やまとごんのすけ》として大和国の国務に携わっていたのは、当麻某《なにがし》という人物であったから、大和守保昌に逆らった当麻為頼は、右の大和権介当麻某と同一人物ではなかったとしても、おそらく、大和国の有力な豪族の一人ではあったのだろう。

そして、地元の有力豪族として大和守保昌との確執を深めた為頼は、保昌の配下によって消されることになるのだが、このとき、保昌から為頼殺害という汚れ仕事を任されたのが、前大宰少監清原致信であった。清少納言の実兄である致信は、保昌が大和国において財を成すことを助けるため、保昌に命じられるままに為頼の始末を実行したのである。そして、それは、致信が大和守保昌に郎等《ろうとう》として仕える身であったからに他ならない。

なお、当然のことながら、そんな致信が保昌から与えられた汚い仕事は、為頼の抹殺《まっさつ》だけではなかっただろう。保昌が企図した不当課税・不当徴税・恐喝・詐欺・公費横領などの実行にあたったのは、保昌の郎等たちだったはずなのである。

とすれば、兄が殺害された背景を知った清少納言は、その兄の生前の所業に愕然《がくぜん》としたにちがいあるまい。彼女の兄の清原致信は、かつて彼女が馴《な》れ親しんだ宮中の優美な世界とは無縁の存在であったばかりか、すっかり薄汚れた世界の住人になっていたのであるから。

ただ、その折、清少納言が心を痛めたのは、亡き兄の行いに関してばかりではなかっただろう。彼女ほどに明晰《めいせき》な頭脳を持つ女性であれば、その兄の死の真相を知ることを通して、当時の受領国司たちが地方諸国において当たり前のように悪事を重ねていたことをも知ってしまったはずなのである。そして、そんな清少納言は、ずいぶん以前に他界していた父親の生前の行いにも、疑いの眼を向けざるを得なかったにちがいない。彼女の父親の清原元輔が周防守や肥後守《ひごのかみ》として受領国司を務めたことは、誰もが知るところであった。

また、そうして亡き父に対して重大な疑念を抱かずにはいられなかった清少納言は、さらに、みずからの生きる貴族社会の真の姿にも気づいたことだろう。そう、彼女自身が『枕草子』に描いたような王朝貴族社会の豊かさは、実のところ、悪徳受領たちが地方諸国において不正行為を用いて築き上げた汚れた富によって支えられたものだったのである。

あとがき

本書『王朝貴族の悪《わる》だくみ』で取り上げた諸々の犯罪行為も、前著『殴《なぐ》り合う貴族たち』で紹介した数々の暴力沙汰《ざた》も、王朝時代に生きた人々にとっては、けっして意外な事柄などではありませんでした。

「王朝貴族」と呼ばれる人々が頻繁に殺人事件を起こしていたなどと聞くと、われわれ現代日本人は、普通、ちょっと胡散臭《うさんくさ》く感じてしまうのではないでしょうか。「え？　そんなはずないじゃない」と。われわれの知るところ、王朝貴族というのは、和歌や音楽や恋愛に人生の最大の喜びを見出すような繊細《せんさい》な人々だったはずですし、また、血が流れるのを見たら気絶してしまいそうな気の弱い人々だったはずです。

これまで王朝貴族についての最も主要な情報源となってきたのは、『源氏物語《げんじものがたり》』や『枕草子《まくらのそうし》』に代表されるような一群の文学作品だったわけですが、そうした王朝文学の愛好者にしてみれば、王朝時代の貴族社会に犯罪や暴力がはびこっていたなどというのは、あまりにも突拍子《とっぴょうし》もないことかもしれません。紫式部《むらさきしきぶ》や清少納言《せいしょうなごん》の作品に親しむ方々にとって、王朝貴族社会というのは、犯罪や暴力とは縁のない、風雅で優美な世界なのではないでしょうか。

しかしながら、本書『王朝貴族の悪だくみ』および前著『殴り合う貴族たち』の語るところには、一片《いっぺん》の嘘《うそ》もありません。諸々の犯罪行為に手を染めていたということも、また、数々の暴力沙汰を起こしていたということも、王朝時代の貴族層の人々に関する、全く疑いようのない事実なのです。

実のところ、そうした犯罪行為や暴力沙汰があったことを証言してくれたのは、当の王朝貴族たち自身でした。すなわち、藤原道長《ふじわらのみちなが》や藤原行成《ゆきなり》といった王朝時代の上級貴族たちの残した日記こそが、王朝貴族たちによる犯罪や暴力についての何よりの証拠なのです。おそらく、当時の貴族男性たちが漢文で記した日記のことは、現代において、あまり広くは知られていないでしょう。が、『御堂関白記《みどうかんぱくき》』の名称で伝わる道長の日記や『権記《ごんき》』と呼ばれる行成の日記などを紐解《ひもと》くならば、王朝貴族たちがしばしば犯罪や暴力に関与していたことは、どうにも否定のしようがありません。

とはいえ、このような事実は、『源氏物語』や『枕草子』の愛好者にとって、ただただ不愉快なものでしかないかもしれません。紫式部や清少納言によって描き出されたような不自然なまでに風雅で優美な王朝貴族たちを愛して止《や》まない方々にしてみれば、王朝時代の貴族社会において犯罪行為や暴力沙汰が頻発していたなどというのは、これ以上ないほどに都合の悪い事実なのではないでしょうか。

ですから、これまで通りの王朝貴族あるいは王朝貴族社会のイメージを守り続けたいという方には、本書において語られた王朝時代の確かな史実を、きれいさっぱりと忘れてしまっていただきたいと思います。どのような場合であれ、必ずしも真実を知るのがいいことだとは限らないものです。

繁田信一

平成十九年の春分の日に

◇図版◇
116頁　松平定信『古画類聚』(部分)
東京国立博物館所蔵　Image:TNM Image Archives Source:http://TnmArchives.jp/
189頁 『因幡堂薬師縁起』(部分) 重文
東京国立博物館所蔵　Image:TNM Image Archives Source:http://TnmArchives.jp/

著者紹介

繁田信一（しげた・しんいち）
1997年東北大学大学院文学研究科博士課程後期単位取得退学。2003年神奈川大学大学院歴史民俗資料学研究科博士後期課程修了、博士（歴史民俗資料学）。神奈川大学日本常民文化研究所特別研究員、同大学外国語学部非常勤講師。著書に『殴り合う貴族たち』（柏書房）、『呪いの都　平安京』（吉川弘文館）、『陰陽師』（中央公論新社）、『天皇たちの孤独』（角川書店）などがある。

王朝《おうちょう》貴族《きぞく》の悪《わる》だくみ
——清少納言、危機一髪

2007年5月10日　第1刷発行
2008年10月10日　第2刷発行

著　者　繁田信一

発行者　富澤凡子

発行所　柏書房株式会社

東京都文京区本駒込1－13－14（〒113－0021）
電話（03）3947－8251［営業］
（03）3947－8254［編集］

装　幀　原田リカズ
印　刷　萩原印刷株式会社
製　本　小高製本工業株式会社

ISBN978－4－7601－3036－8